Fachkraft oder Handwerk

© 2019 Peter Fischer
Herstellung und Verlag: BoD - Books on Demand
ISBN: 978-3-7448-4019-4

Vorwort:

Als ich mit diesem Buch zu schreiben begonnen hatte, dachte ich an meine Kindheit, ich musste sofort an meinen Vater denken, er war sehr stolz ein gelernter Maurer zu sein. Er baute Häuser, in denen Menschen wohnten. Wenn er mit einem Haus fertig war und es sehr schön war, fuhr er mit meiner Mutter und mir dort hin und zeigte mit großem Stolz sein Werk, es waren sehr schöne Häuser, wir wären froh gewesen, wir hätten eines dieser Häuser besessen. Er war sehr zufrieden mit seiner Arbeit und er merkte, ich sah sein Werk mit großen Augen an und dachte dabei: „Mein Gott, waren diese Häuser groß und die hat mein Vater gebaut." Ich war auf meinem Vater sehr Stolz und mein Vater auch auf seine Arbeit.

Vielleicht willst du auch eine Arbeit machen, auf die deine Kinder mit großen Augen schauen und sagen, das hat mein Papa vollbracht!

Peter Fischer

Fachkraft oder Handwerk

Ich bin stolz auf meinen Beruf

Lektorat bei Elfriede Denk

Ein gut ausgewählter Beruf,

ist der Schlüssel zu einem guten Leben!

Peter Fischer

Kapitel 1

Mein Werdegang

Nachdem ich meine Hauptschule mit einem sehr guten Abschluss beendet hatte, wollte ich einen Beruf erlernen. Es sollte ein guter handwerklicher Beruf sein, der für mich infrage kam, er sollte interessant sein, ich wollte etwas von der Welt sehen und auch genug verdienen. Später sollte eine Familie damit gut leben können und auf meine Arbeit stolz sein können

Daraufhin fing ich mit 14 Jahren in einer großen Metallfirma, als Maschinenschlosser eine Ausbildung an. Ich wollte mit Metall arbeiten, denn mein Großvater war auch ein Schlosser. Sie dauerte 3,5 Jahre und ich schloss die Lehre gut ab. Ich arbeitete dort noch ein paar Jahre und baute mit einem Team, sehr große Druckmaschinen zusammen, was für mich sehr interessant war.

Ich wollte aber irgendwann, an etwas anderem schrauben, daraufhin bewarb ich mich bei anderen Firmen und fing in einer Wehrtechnikfirma an und baute Panzer Lafetten zusammen, fuhr auch kurze Montagen für die Firma, es dauerte auch nur ein paar Jahre, dann wechselte ich innerbetrieblich zur Schweißtechnik und baute Schweißmaschinen und Roboter für Autofirmen zusammen. Das war für mich eine hochinteressante Arbeit, ich fuhr in dieser Zeit längere Montagen und konnte fremde Städte und Länder kennenlernen.

Kannte ich die Maschinen in- und auswendig, dann musste ich nach einer Zeit wieder wechseln und landete wieder bei einer Druckmaschinenfirma, aber sie bauten, An und

Ausleger für Druckmaschinen. Ich blieb in dieser Fabrik eine verhältnismäßig lange Zeit. Auf Montage brauchte ich nicht mehr so oft fahren und wenn nicht lange, es war gut so, denn meine damalige Frau wurde schwer krank, darum konnte ich nicht mehr so einfach wegfahren.

Andere Maschinen baute ich noch zusammen, wie große Seilwinden für Strommasten aufstellen und bei der DB, dort reparierte ich Wagons.

Daraufhin wechselte ich in eine sichere Werkstätte, in eine Straßenbahn Werkstätte und richte dort die meiste Zeit Unfälle, es ist auch eine interessante Tätigkeit, denn jeder Unfall ist anders, dort werde ich bis zu meiner Rente bleiben.

Ich kann gut zurückblicken und mit gutem Gewissen sagen, ich hatte in meinem Berufsleben viele interessante Tätigkeiten, ich bin in Europa viel herumgekommen und habe sehr viel gesehen und erlebt.

In diesen vielen Firmen habe ich immer etwas dazugelernt, immer gab es etwas, das ich dazulernen musste, das für mich neu war oder sie machten gewisse Tätigkeiten ganz anders, ich konnte nie sagen, ich weiß alles, das brauche ich nicht lernen. Andere technische Zeichnungen lesen, neue Werkzeuge, andere Hilfsmittel, andere Materialien, immer gab es etwas Neues, auch andere Mitarbeiter, Vorgesetzte und Freunde, andere Arbeitszeiten, Einzelakkord, Gruppenakkord oder nach Stunden bezahlt und ich habe auf Montage länger als 12 Stunden gearbeitet und manchmal 7 Tage die Woche. So wurde mein Arbeitsleben nie langweilig. Nachtschicht, Zweischicht oder Dreischicht, alles ist in meinem Arbeitsleben vorgekommen. Nichts hatte ich ausgelassen, alles habe ich mitgenommen, dabei viel gelernt und dabei gutes Geld verdient.

Heute kann ich auf mein Leben zurückblicken und sagen, über 45 Jahre habe ich gearbeitet, verschiedene Maschinen zusammen gebaut und gerichtet. Ich bin ein stolzer Facharbeiter, mir kann keiner so leicht etwas vormachen, ich habe etwas gelernt und habe auch nach der Ausbildung viel dazugelernt. Meine Rente habe ich ehrlich verdient und die will ich auch bald bekommen.

Vielleicht wollt ihr das auch einmal sagen können!

Kapitel 2

Was lerne ich?

Das ist eine gute Frage, die sich jeder junge Mensch stellt, der seine Schule beendet hat, ob Mädchen oder Junge, wie mache ich weiter, wie stelle ich mir meine Zukunft vor, was will ich überhaupt tun, was kann ich überhaupt machen, für was bin ich eigentlich geeignet, was habe ich überhaupt für ein Geschick, welches Talent habe ich, was würde mir Freude bereiten?

Will ich nach einer beruflichen Ausbildung weiter machen, möchte ich dann auf eine weiter führende Schule gehen und schaffe ich das dann auch? Welche Schulen werden angeboten, was kann ich dann werden, als was kann ich danach arbeiten. Welche Möglichkeiten habe ich dann nach dem Abschluss, habe ich dann eine Möglichkeit eine Arbeitsstelle zu bekommen. Das zählt alles bei der Wahl des Berufes. Kann ich diese Arbeitsstelle nach meiner Weiterbildung ausüben?

Ich habe mich entschlossen, das Buch in der Du-Form zu schreiben, damit dieses Thema nicht so streng herüberkommt, etwas lockerer und freundlicher wirkt. Ich denke, es liest sich dann so, wie wenn ein Freund etwas erzählen würde, so soll es dann auch bei dir ankommen und vielleicht hilft es dir dann auch besser.

Aber als Erstes zählt, welcher Beruf würde, mich interessieren und würde mir Spaß bereiten, welcher Beruf würde, mich durch das Leben begleiten. Wenn diese Tätigkeit dich anspricht, erlernt man ihn viel leichter und die Lernjahre vergehen, wie im Flug und kann sich später auf etwas neues Konzentrieren, eine Weiterbildung oder einfach nur Familie.

Was möchte ich machen? Mit welchen Materialien will ich arbeiten, will ich mit Metall arbeiten, will ich Ziegel, Sand und Kies in die Hand nehmen oder gefällt dir Holz, kann es sein das du lieber Farbe ins Spiel bringen willst oder dir noch eine kreativere Arbeit liegt. Große Felsen oder Steine bearbeiten, zum Beispiel Steinmetz? Kunststoffe darf man auch nicht vergessen, sie werden heute überall gebraucht und müssen auch bearbeitet werden, zum Beispiel, Klebetechnik, Strom und Elektronik sind bestimmt auch sehr interessant, Computertechnik darf man auch nicht links liegen lassen. Stoffe oder Leder in die Hand nehmen, in der Mode ganz wichtig, Glas darf man auch nicht vergessen, Haare und Fingernägel stylen, an einem Menschen arbeiten. Nimmst du vielleicht lieber kleinere Dinge in die Hand, zum Beispiel Uhren und Schmuck oder bewegst du lieber größere Dinger. Vielleicht doch mit Menschen arbeiten, sie pflegen und für sie da zu sein, ihnen Freude bereiten und ihre Dankbarkeit spüren oder gleich in ein orthopädisches Handwerk.

Es gibt viele Möglichkeiten, oft sind es Berufe, an die man am Anfang gar nicht denkt, die im Alltag einen oft begegnen, aber trotzdem total in Vergessenheit geraten sind, sie unbewusst gar nicht wahr nimmt. Willst du vielleicht Mehl oder Lebensmittel lieber verarbeiten, bestimmt ist ein sehr kreativer Beruf, der Spaß bereiten könnte. Auch mit Tieren oder Pflanzen arbeiten, ist bestimmt schön und sehr anspruchsvoll, mit Kinder oder kranke Menschen umgehen, darf man auch nicht vergessen.

Restaurieren, reparieren oder neue Dinge machen, das ist auch eine wichtige Frage? Etwas gestalten, kreativ sein, auch in dieser Branche gibt es verschiedene Berufe, besonders in der Werbung. Wenn jemand auf der Straße oder Schiene arbeiten will, dort gibt es auch verschiedene Möglichkeiten. Natürlich darf man die Flugtechnik auch nicht vergessen oder etwas ganz anderes, in der Umwelttechnik arbeiten.

Ich hoffe, ich habe euch mit diesen Dingen nicht zu sehr verwirrt, aber es gibt alleine im Handwerk, ca. 130 Ausbildungsberufe, da will ich auf jeden einzelnen Beruf nicht eingehen. Es gibt auch andere Fachkraft Ausbildungen, da kommen noch weitere viele weitere Berufe dazu, das sind noch einige Ausbildungsberufe in verschiedene Richtungen und Möglichkeiten.

Ich möchte behaupten, da gibt es für jeden seinen Lieblingsberuf, der einen anspricht, für Mann oder Frau ist das Richtige dabei. Trotzdem kann es sein, das die Ausbildung angefangen ist und der Beruf, stellt sich heraus, der ist doch nicht für mich geeignet, den will ich absolut nicht machen. Dann ist es mit absoluter Sicherheit, das Beste, die Ausbildung abzubrechen und einen neuen Beruf zu erlernen. Auf keinen Fall alles hinschmeißen und aufgeben.

Du darfst dir auf keinen Fall sagen, für mich wird es keinen richtigen Beruf geben, ich werde das nie schaffen. Ich behaupte, für alles gibt es eine Lösung und für jeden gibt es die richtige Ausbildung! Ich würde sagen, trotzdem vorher mit dem Ausbildungsleiter und Berufsschullehrer reden, vielleicht wissen sie eine Lösung und kann dir behilflich sein, etwas anderes Passendes zu finden und vielleicht war dann die Zeit, die du schon gelernt hasst, nicht ganz umsonst. Wissen kann man das nie?

Deswegen komme ich noch einmal auf das Thema zurück, was sollte ich bei der Berufswahl beachten. Muss ich später, wenn ich den Beruf erlernt habe, draußen im Freien arbeiten oder arbeite ich in einer Halle oder in einem gut temperierten Raum. Wie will ich es haben, bei Sonne, Regen, Schnee, bei jedem Wetter ausgesetzt sein oder immer in einem wohltemperierten Raum arbeiten, oder ist der Beruf gemischt, einmal draußen und dann drinnen ein paar Arbeiten. Bei manchen Berufen wäre es sinnvoll, sich vorher zu erkundigen.

Es gibt auch noch andere Kriterien, die man beachten sollte, bei bestimmten Berufen, geht es meistens nicht ohne eine Schichtarbeit: „Normalschicht, Spätschicht, Nachtschicht, Zwei- oder Dreischichtarbeit, ohne diese Schichten geht es in diesen Berufen nicht, die begleiten einen das ganze Berufsleben, das darf man nicht vergessen." Besonders jeder Beruf oder Arbeitgeber hat verschiedene Arbeitszeiten, wenn einer darauf Wert legt, dann sollte er sich darüber erkundigen. Manche Betriebe fangen schon um 6 Uhr in der Frühe an, manche noch früher, sogar mitten in der Nacht oder auch erst um 8 Uhr oder noch später.

Bei manchen Berufen ist es ganz normal, das große Hitze entsteht, zum Beispiel: Schmiede, Gießereien oder im Sommer, Dachdecker und Zimmermann oder umgekehrt, Kälte, wenn in großen Kühlhäuser gearbeitet wird, wie in Schlachthäusern, eine Arbeit als Metzger. Das darf man alles nicht vergessen, es können auch Gerüche, Dämpfe oder Staub eine große Rolle spielen. In verschiedenen Berufen werden bestimmte Bäder gebraucht, damit Materialien behandelt werden können: „Besonders bekannt ist das in einer Galvanik oder in der Wärme Behandlung bei Metallen." Besonders viel Staub entsteht in einer Gießerei, ich würde sagen ein sehr harter Beruf. Den muss man mögen, er ist nicht gerade einfach.

Für manche kann das eine große Rolle spielen, bei verschiedenen Tätigkeiten, ist man den ganzen Tag auf den Beinen, ihr läuft oder steht den ganzen Tag, ihr kommt kaum zum Hinsetzen und müsst dazu eine schwere Tätigkeit verrichten, natürlich kann es auch umgekehrt sein und ihr müsst fasst den ganzen Tag sitzen, es hat alles seine Vor- und Nachteile. Das müsst ihr herausfinden, was euch mehr liegt, da kann ich euch nicht helfen. Aber ich will euch darauf hinweisen. In jungen Jahren spielt das alles keine große Rolle, aber später kann das einmal zu einer Last werden, aber es gibt immer eine Alternative, ihr könnt euch bestimmt einmal verändern.

Ganz wichtig ist, willst du lieber eine Tätigkeit machen, dort wo immer Fingerspitzengefühl verlangt wird, für kleine Sachen, wie Uhren, oft mit einer Lupe arbeiten, hier brauchst du eine ruhige Hand und etwas Geduld. Oft sind sehr wertvolle Stücke in deiner Hand und immer ein anderes Design oder bist du ein Typ, der lieber einmal richtig reinhaut, mehr für eine grobe Arbeit, der lieber einen schweren Hammer, Zange und einen Gabelschlüssel in der Hand hält und die Hände mit Fett und Öl verschmiert sind, als ein feines zierliches Werkzeug in der Hand und mit einem Vergrößerungsglas arbeiten muss und immer seine Hände sauber behält. Das sind Fragen, die du dir immer wieder stellen musst und am besten selbst ehrlich beantwortest, besonders Frauen, die einen schweren Beruf erlernen wollen.

Gut, ich kenne ein paar Frauen, da muss man wirklich den Hut abnehmen und staunen, die sind wirklich für den schweren Beruf geeignet, den sie erlernt haben, sie sind wahre Meister darin und sind sogar besser wie manche Männer, ich habe große Achtung vor ihnen! Natürlich kenne ich auch das Gegenteil, diese Frauen tun sich sichtlich schwer, in ihrem Beruf, aber sie haben das Richtige getan und Bilden sich weiter, was in so einem Fall, eine gute Alternative ist. Heute ist es viel besser, als vor einigen Jahrzehnten, es gibt immer eine gute Lösung, aus seiner ungeliebten Tätigkeit heraus zukommen, man muss nur nach einer guten Lösung suchen und die werden in verschieden Variationen angeboten, man muss sich nur Rechtzeitig darüber informieren.

In verschiedenen Berufen ist es ganz normal, das Akkord gearbeitet wird, aber wie wird Akkord gearbeitet? Wie es so üblich ist, es gibt auch hier verschiedene Variationen, Einzelakkord, Gruppenakkord und eine Bandarbeit.

Einzelakkord: Je nachdem, welche Zeiten dir vorgegeben sind, bestimmst du alleine dein Tempo und somit deine Bezahlung, die du nach Abschluss deiner Arbeit abrechnest. Das hat wiederum alles Vor- und Nachteile. So bist du auch alleine Verantwortlich für deine Arbeit, für deine

Schnelligkeit, für deine Qualität, baust du Ausschuss, musst du alleine dafür gerade stehen.

Bei Gruppenakkord verhält sich das anders, dafür gibt es einen Vorarbeiter, dieser muss die Gruppe managen, er muss die Arbeit einteilen und dafür sorgen, dass die Zeiten eingehalten werden und die Qualität der Arbeit in Ordnung ist. Der Vorarbeiter ist für die ganze Gruppe verantwortlich und er muss sich dafür, er muss sich bei seinem Vorgesetzten rechtfertigen und die Gruppe gut präsentieren können. Er muss dafür sorgen, dass sein Team einen guten Akkord abrechnen kann.

Aber es gibt auch noch eine Bandarbeit, Bandmontage, diese Arbeit ist in der Autobranche bekannt, ich hatte so eine Arbeit einmal in der Lafetten Montage für Panzer mitgemacht. Es wurden lauter kleine Gruppen gebildet, die Geschwindigkeit des Bandes bestimmten die Meister. Die Geschwindigkeit des Bandes nannten wir damals Takt, alle paar Stunden wurde das Band bis zum nächsten Montagepunkt weitergezogen. Es gibt zwei Möglichkeiten, entweder die kleine Gruppe geht mit dem Band mit und sie können von Anfang bis Ende der Montage dabei sein, bis das Werk vollendet ist. Was ganz interessant ist und somit nicht eintönig wird.

Oder die kleine Gruppe macht nur einen kleinen Abschnitt im Band und danach übernimmt die nächste Gruppe, sowie es mir in der Autoindustrie bekannt ist, aber die kleine Gruppe hat in diesem Fall nur eine kleine Aufgabe zu verrichten. Es wird bestimmt gut bezahlt, aber ich könnte mir so eine Aufgabe nicht ein Leben lang vorstellen.

Jetzt komme ich zu einem Thema Montage und Kundendienstfahrten. In einigen Berufen ist eine Montagefahrt ganz normal, es kann sein, so wie ich es erlebt habe, ein halbes Jahr von zu Hause weg sein, ganz normal. Ein oder zwei Wochen zu Hause und dann gleich wieder weg, auf die nächste Reise. Ganz interessant, wenn man etwas von der Welt sehen will, Land und Leute und dazu viel Geld verdienen will. Es ist kein leichtes Leben, es werden meist viele Stunden gearbeitet, die gut bezahlt werden. Es schweißt auch das Team zusammen, denn sie müssen jeden Tag zusammen arbeiten. Jeder muss es selber wissen, wie er sich entscheidet, ob er länger fortfahren will oder nicht, dann sollte man sich am besten keine solchen Firmen heraussuchen oder gleich bei der Einstellung sagen, das man keine längeren Montagefahrten wünscht.

Es gibt auch ganz einfache Kundendienstfahrten, jede Firma ist anders, die Fahrten sind viel kürzer, aber ihr seid, doch viel unterwegs und meistens auf euch alleine gestellt. Das mögen bestimmt einige Leute, ich fand das auch viel besser, als immer einen Vorgesetzten hinter sich stehen zu haben oder beobachtet zu werden. Es ist auf jeden Fall auch eine Sache, die muss man mögen. Aber es prägt einen und es macht einen sehr selbstsicher. Mit jedem Kunden, den man zufrieden gestellt hat oder für seine Firma gewonnen hat, wächst man in seine Arbeit besser hinein und dann macht es auch Spaß.

Eine gute Alternative, ist ein Beruf in der **Zerspanungstechnik**, hier kannst du mit Maschinen arbeiten, zum Beispiel in Metallbranche, große Computergesteuerte CNC-Maschinen. Auch in diesem Bereich ist eine 3,5 Jahre lange Ausbildungszeit nötig. Vielleicht kannst du dann auch erlernen, wie diese

Programme erstellt werden. Dieser Beruf ist sehr umfangreich, von fräsen, schleifen, bohren, hobeln, drehen und honen, das sind die wichtigsten Zerspanungsmethoden die angewandt werden.

Aber es gibt nicht nur die Metallbranche, die mit großen Maschinen arbeitet, natürlich gibt es in der Holzverarbeitung, genauso, solche Maschinen, die von einem Fachmann bedient werden müssen, von Baum fällen, Rinde schälen. Bis es zum Beispiel, ein Möbelstück wird, sind viele Arbeitsgänge nötig und es werden viele Maschinen eingesetzt, die bedient werden müssen und diese kann nur Facharbeiter/in benützen.

Natürlich gibt auch verschiedene Berufe, hier werden nach der Ausbildung, wenn es nötig ist, einzelne Maschinen angelernt oder in einem bestimmten Kurs ausgebildet, ein Beispiel ist der Baubranche, die Kranausbildung, die muss auch alle paar Jahre immer wieder erneuert werden.

Viele Berufe haben ihre eigenen Maschinen und die müssen bedient werden und dafür muss auch ausgebildet werden, jeder Beruf hat mit diesen Maschinen und Geräten eigene Gesetze, wie das gehandhabt wird. Vielleicht sogar eigene Ausbildungsberufe oder zusätzliche Kurse und Ausbildungen. Vielleicht habe ich mit diesem Thema jemanden angespornt, sich über so einen Beruf zu erkundigen, was er gerne tun will. Aber nach meinem Wissen könnte es sein, das die ein oder andere Maschine erst mit vollendeten 21 Jahren bedient werden darf und das hat mit Sicherheitsgründen zu tun. Das sind Vorschriften, die der TÜV festlegt und sie wissen genau, warum sie dieses Gesetz gemacht haben.

Kapitel 3

Große Betriebe und einige Berufe

Es gibt einige große Betriebe, die in der Fertigung ihrer Produkte, Facharbeiter für verschiedene Tätigkeiten benötigen. Sie wollen eine gute Qualität präsentieren, dann brauchen sie die richtigen Fachkräfte dafür, so einfach ist das, das beste Beispiel ist die Autoindustrie. Hier denke ich, werden sehr viele Fachkräfte benötigt. Von der Metallverarbeitung, Schlosser, Blechschlosser, Glaser, Lackierer, Elektriker, Elektroniker, Automechaniker, Designer, einen Facharbeiter für Kunststoffe und Klebetechnik, Schweißfacharbeiter werden hier in der Fertigung bestimmt benötigt, obwohl Schweißroboter und Maschinen die meisten Nähte schweißen, sehr wahrscheinlich für die Stoffbezüge wird bestimmt ein Schneider gebraucht, für die feineren Modele einen Sattler für Lederbezüge und dazu noch einen Schreiner. Sehr wahrscheinlich habe ich noch den ein oder anderen Beruf vergessen, aber das dürften die wichtigsten Facharbeiter Berufe sein. Bei der Lastwagenfertigung verhält es sich genauso.

Die wichtigen Berufe bilden die großen Konzerne meistens selbst aus, denn sie wollen ihre eigenen Facharbeiter ausbilden, um einen guten Nachwuchs zu bekommen und damit sie sich sicher sein können, das diese Auszubildende nach ihrem Abschluss, die Arbeit zu ihrer Zufriedenheit machen können und überall einsetzbar sind. Es gehört zur Ausbildung, das sie in der Lehrzeit, in den Werkstätten mitarbeiten und die verschiedenen Arbeitsplätze, Tätigkeiten und Abläufe genau kennenlernen. Diese großen Firmen haben eine sehr gute und umfangreiche Ausbildung. Ein gut ausgebildeter Facharbeiter/in wird immer benötigt, er oder sie ist immer und überall einsetzbar, er weiß was er tut und seine Vorgesetzten können sich auf ihn verlassen und das tut gut für den Betrieb und deinem Geldbeutel.

So zieht es sich durch viele große Betriebe, Wohnmobile und Wohnwagenbau, hier ist ein Schreiner sehr viel gefragt, mit dem ganzen Innenausbau.

Bei edlen Schiffen, wird ein Schreiner und Möbelschreiner viel gebraucht, das muss eine schöne Aufgabe sein, diese herrlichen Innenausbauten zu machen, alles aus einem edlen Holz zu fertigen, vielleicht sogar einige Einzel- oder Sonderanfertigungen, das muss eine schöne Aufgabe sein und bestimmt richtig Spaß machen, besonders wenn dann das edle Teil fertig ist.

Bei noch größeren Schiffen sind sehr wahrscheinlich noch viele weitere Berufe gefragt, wie Fliesenleger, Raumausstatter, Installateur, Klimatechnik und noch viele weitere Berufe alles muss genau passen, alles muss genau funktionieren und dazu noch gut aussehen.

In einer Flugzeug- und Helikopter Fertigung verhält sich das nicht anders, hier werden genauso viele Berufe gebraucht. Auf alle Fachkräfte muss verlass sein, sie müssen genau und gewissenhaft arbeiten, oft bekommen sie bei solchen arbeiten noch eine Zusatzausbildung. Der Vorgesetzte muss sich auf jeden einzelnen Mitarbeiter verlassen können und das bringen sie schon ihrem Auszubildenden vom ersten Lehrjahr bei.

Mit dieser guten Ausbildung wird es viele Möglichkeiten geben, in eine andere Firma zu wechseln, wieder an anderen Maschinen oder Produkten zu arbeiten, es macht Spaß immer an etwas Neuem zu arbeiten, wieder etwas Neues kennenlernen, andere Abläufe, andere Materialien, andere Mitarbeiter, vor allem, ich baue ein ganz neues Produkt zusammen, das ich noch nicht kenne, wenn es dann später fertig ist, bin ich stolz ein Facharbeiter zu sein, das habe ich fertiggemacht, das ist mein Werk und meine Mitarbeiter sehen es auch. Ich kann es dann mit Stolz zu Hause erzählen, was ich großes geschaffen habe, an was ich gearbeitet habe, an etwas ganz Neuem.

Vielleicht kannst du in einer Fertigung für ICE-Loks und Wagon arbeiten, hier sind auch viele Berufe vereint und Züge werden immer gebraucht, die Arbeit wird nie ausgehen. Genauso verhält es sich mit Schienenbussen und Straßenbahnen.

Die Welt schaut immer mehr auf eine saubere Fortbewegung, die Schiene ist eine davon und wird immer mehr gebraucht, es wird ein ganz sicherer Arbeitsplatz sein und bleiben.

Daraufhin komme ich auf ein Thema, das du zwar mit jungen Jahren nicht unbedingt wichtig hältst, aber im Laufe der Arbeitsjahre wird es nicht schaden, ein Auge auf einen sicheren Arbeitsplatz zu werfen, keine Angst vor einer Kündigung zu haben, das du immer dein Geld bekommst und mit sicheren Augen auf eine gute Rente blicken kannst und eine Betriebsrente oder Zusatzrente bekommst, es ist auch nicht schlecht, wenn dieser Betrieb eine eigene Krankenkasse hat. Du denkst dir wahrscheinlich, was schreibt er da, das ist doch nicht so wichtig, aber ich denke, du sollst alles wissen, ich schreibe lieber zu viel, als zu wenig, es kann irgendwann ein wichtiger Punkt in deinem Leben werden.

Es kann sein, das dich immer wieder eine Frage plagt, kann ich mit diesem Job alt werden, kann ich diese Arbeit ein Leben lang machen oder schaffe ich diese Arbeit bis zur Rente? Ich will aber trotzdem, jetzt die Arbeit machen, wenn ich sie dann nicht mehr machen kann, was dann? Dann solltest du dir schon vorher etwas überlegt haben, das halte ich für ganz wichtig. Deswegen solltest du deine Berufswahl genau überlegen und auch die Firma, in der du deine Ausbildung beginnst, gut auswählen. Genauso wenn du später in eine andere Firma wechselst, solltest du dich Fragen, ist das der Job, den ich machen will, auch bis zur Rente machbar? Oder willst du ihn nur ein paar Jahre machen, um gutes Geld zu verdienen und dann in einen absolut sicheren Arbeitsplatz zu wechseln, alles ist machbar.

Was sehr wahrscheinlich auch ein wichtiger Punkt sein wird, in deiner Berufswahl, wird es diese Arbeit noch in vielen Jahren in dieser Form noch geben oder wird er sehr wahrscheinlich rationalisiert? Große Konzerne und Firmen verändern sich immer wieder, sie werden immer wieder versuchen Arbeitsplätze zu sparen, sie können sich es leisten teure Maschinen zu kaufen, sie abschreiben und dafür Arbeitsplätze einsparen, dieser Trend wird ungebrochen weitergehen. Oder eine andere Variante, sie könnten die Arbeit ins Ausland verlegen, aber davor kann man nie sicher sein, man kann nicht hellsehen. Meine Erfahrung in meinem langen Arbeitsleben mit großen Firmen war, sie können eine gewisse Sicherheit geben, aber geht es ihnen durch die wirtschaftliche Situation schlecht, dann kann man unter diesen Umständen schnell auf der Straße stehen und nach einer neuen Arbeitsstelle suchen.

Aber da ich ein guter Facharbeiter bin und vieles weiß und eine gute Erfahrung mitbringe, bekomme ich schnell wieder eine gute Arbeitsstelle und kann auch einen guten Stundenlohn verlangen. Dazu habe ich eine gute Ausbildung, in einer großen Firma abgeschlossen, die jeder kennt und einen guten Ruf, für seine gewissenhafte Ausbildung hat. Daraufhin kannst du zu dir sagen: „Ich werde nie lange Arbeitslos sein."

In meinem langen Berufsleben, hatte ich es einmal erlebt, das mein Betrieb weiter verkauft wurde, an ein größeres Unternehmen in der gleichen Branche. Für uns Arbeiter war kein Platz in diesem größeren Unternehmen, so ist es halt im Leben, aber ich brauchte nicht traurig sein, ich bekam dann eine gute Abfindung und hatte schon bevor ich gekündigt wurde, Anfragen von anderen Firmen, das ich bei ihnen anfangen sollte.

Warum war das so, warum bekam ich diese anfragen? Denn ich bin für meine Firma Montage gefahren, ich hatte Kundendienst- und Reparaturfahrten für meinen Betrieb übernommen und ich kannte viele Kunden und Betriebe in der Druckmaschinen Branche. Sie wussten schon vorher, was mit meiner Arbeitsstelle passieren würde. So bekam ich von einigen Kunden ein gutes Angebot, bei ihnen anzufangen. Der Stundenlohn war super und verlockend, mir war schon klar, was diese vorhatten, denn sie hätten dann jemand im Haus, der sich mit ihren Druckmaschinen auskannte und sofort reparieren konnte. Darum vereinbarte, ich mit einem Kunden, wenn ich meine Kündigung und Abfindung bekommen habe, dann fange ich sofort bei meinem neuen Arbeitgeber an. Danach suchte ich mir, gleich einen sicheren Arbeitsplatz und bekam ihn dann auch bald und habe auch heute noch einen sicheren Arbeitsplatz.

Was will ich damit sagen, ganz einfach, wenn du Montagefahrten machst oder Kundendienstfahrten, dann hast du immer Kontakt zu anderen Betrieben und Kunden, zwar meist in der gleichen Branche, aber du hast immer ein Auge auf einen neuen Arbeitgeber und du kennst die Firma von Grund auf, wie sie so ist und kannst dich schon vorher fragen, ist diese Arbeit oder diese Firma, etwas für mich? Vor allem kann es sein, wenn in deiner Firma etwas vorgeht, erfährst du es früher, als wenn alles schon zu spät ist. Du kannst dich gleich neu orientieren. Wäre das ein guter Arbeitgeber für mich? Diese Entscheidung kann ich dir nicht abnehmen, ob du so etwas machen willst, aber du verstehst sicherlich, es kann ganz große Vorteile haben!

Wenn ein Betriebsrat über dieses Thema eine Rede hält, dann ist meistens die Sache schon entschieden und nichts mehr daran zu rütteln, das du einen neuen Arbeitsplatz brauchst. Trotzdem ist es gerade in großen Firmen ratsam, wenn du dich Gewerkschaftlich organisiert, sogar vom ersten Ausbildungsjahr ab. Irgendeine Hilfe benötigst du immer, von deinem Betriebsrat, meistens ist die wichtigste Tätigkeit vom Betriebsrat, wenn die Ausbildungszeit zu Ende geht, du deinen Abschluss machst, bestehst und daraufhin sich der Betriebsrat für dich einsetzt und du einen festen Arbeitsplatz bekommst. Wahrscheinlich werden dann mit Sicherheit, die Gewerkschaftsmitglieder vom Betriebsrat bevorzugt.

Ich halte es wichtig, das du deinen Arbeitsplatz in deinem Ausbildungsbetrieb bekommst und erst einmal die richtige Erfahrung bekommst, dich richtig einarbeiten kannst, die nötige Routine erarbeitest. In dieser Sicht, wäre es nicht schlecht, wenn du in dieser Zeit eine Gewerkschaft hinter dir stehen hast. Manchmal ist es nicht schlecht, wenn man organisiert ist. Die Lohnverhandlungen, die Gewerkschaften aushandeln, will man ja auch bekommen, auch wenn du viele Kollegen haben wirst, die über die Gewerkschaften schimpfen werden, aber das was sie für einen tun, das ist schnell vergessen. Aber mache dir selbst ein Bild, über dieses Thema, du wirst es erleben.

Kapitel 4

Eine Arbeit mit Menschen

Das ist ein ganz neues Thema, die Arbeit an einen Menschen und für Menschen. Ich meine, dass nicht jede **Pflegerin** und **Pfleger** für diese Arbeit geeignet ist, gut in der Ausbildung lernt man sehr viel und kann sich sehr viel aneignen. Aber trotzdem sollte man das gewisse Etwas haben, einfach die Gabe mit den Leuten umgehen zu können, eine gewisse Ausstrahlung haben, immer freundlich sein und gerne den armen Menschen helfen.

Ein kleines Beispiel: Eine junge Frau macht eine Ausbildung als **Einzelhandelskauffrau**. Sie steht daraufhin in einer Bäckerei oder Metzgerei und verkauft die Ware. Es ist doch schön, wenn eine gut gelaunte Verkäuferin dir die Ware überreicht, als eine sichtlich schlecht gelaunte Verkäuferin. Besonders wenn sie jede Frage von ihrem großen Warensortiment beantworten kann und sie nichts aus der Ruhe bringen kann, denn sie sind immer höflich und nett. Auch wenn plötzlich ein großer Ansturm von Kundschaft hereinstürmt, sie haben immer alles im Griff, obwohl die Leute schon auf der Straße anstehen, sie lassen sich nichts anmerken. Sie wissen immer was zu tun ist.

Schon in diesen Berufen ist eine gewisse Menschenkenntnis gefragt und vielleicht sogar eine wieder Erkennung, es ist doch schön, wenn die Verkäuferin lächelnd sie mit ihren Namen begrüßt, es bringt einen als Kunde ein gutes Gefühl herüber und dieser kommt gerne wieder, so ist es auch für das Geschäft gut und der Vorgesetzte sieht das auch gern. Als Fachkraft ist es immer ein geben und nehmen, du gibst den Kunden ein gutes Gefühl, du gibst somit deine Arbeitskraft und nimmst damit das Geld mit nach Hause und dem Chef gibst du auch ein gutes Gefühl, denn er weiß, dass er sich immer auf dich verlassen kann.

So ähnlich verhält es sich auch in größeren Supermärkten, ich will jetzt keine Namen nennen, dort kannst du genauso eine Ausbildung, als Einzelhandelskauffrau oder Mann machen oder später als Fachkraft dorthin wechseln, aber das bleibt alleine dir überlassen, ob du das einmal willst.

Auch in diesem Beruf gibt es viele Bereiche, die für dich interessant sein könnten, von Auto, Elektronik Artikel, Bauhäuser, Kosmetikartikel oder Drogeriemärkte, Kaufhäuser für Begleitung und Accessoires, bestimmt gerade reizvoll für eine Einzelhandelskauffrau, ich könnte hier immer weiter aufzählen, Sport, Tier, Garten, Outdoorgeschäfte und viele weitere Geschäfte. Ich denke, wenn du diese Richtung einschlagen willst, wirst du mit Sicherheit das Richtige finden. Nicht gleich eine Panik bekommen, wenn du nicht sofort etwas findest oder ein paar Absagen bekommst, immer weiter suchen, bestimmt tut sich ein Türchen auf und irgend ein Chef ist froh, dass er dich zum Ausbildeten oder dich als eine neue gute Fachkraft bekommt.

Natürlich kann das ein sehr schöner Beruf sein, wenn du öfters wechselst und immer wieder mit neuen Produkten zu tun bekommst und du dich mit den neuen Artikeln auseinandersetzen musst, ist das doch bestimmt sehr interessant. Ihr lernt mit jeden neuen Arbeitgeber dazu und bekommst somit eine größere Berufserfahrung, die dir keiner mehr nehmen kann und diese Kenntnis musst du nutzen, an deinem neuen Arbeitsplatz.

Als nächstes, will ich einen Beruf ansprechen, er ist sehr bekannt, aber er wird nicht gerade sehr geschätzt, **Friseur/in**. Es ist ein kreativer Beruf, der erst erlernt werden muss und viele Möglichkeiten besitzt, daraus etwas Besonderes zu machen. Es ist eine Arbeit mit Menschen und jede Frisur muss sitzen, ob Frau oder Mann. In diesem Beruf sollte man nicht menschenscheu sein, viele Kunden wollen unterhalten werden, damit danach das Trinkgeld stimmt, ich denke, das spielt hiermit eine große Rolle, ist die Friseuse oder der Friseur unterhaltsam und freundlich, dazu sitzt die Frisur, ist hiermit der Geldbeutel lockerer und er will nächstes Mal wieder von der gleichen Fachkraft geschnitten werden. Das spornt doch nach mehr an und die Fachkraft kann zufrieden sein.

Ich kannte in meiner Jugendzeit eine sehr ehrgeizige Friseuse, sie wollte in ihrem Beruf alles erreichen, es war auch ihr Traumjob, sie mochte den Beruf, sie schloss ihre Ausbildung mit den besten Noten ab, aber sie wollte mehr, sie machte eine Extraausbildung für Nägel stylen und schminken eine extra Ausbildung, dazu für Bart schneiden und rasieren, auch für Piercings stechen ließ sie sich schulen, sie wollte einfach vielseitig sein.

Später machte sie dann noch eine Meisterausbildung und natürlich schloss sie diesen mit Bravour ab. Auch das genügte ihr noch nicht, sie schaute sich um und wollte einen geeigneten Laden und den fand sie bald darauf, ich weiß nicht, ob sie diesen Laden gekauft oder gemietet hatte. Aber sie hatte einen großen schönen Laden, für Damen und Herren Frisuren. Es dauerte auch nicht lange und sie hatte auch ihren ersten Auszubildenden.

Sie stellte bei ihrer Kundschaft fest, dass immer mehr Leute kamen, die eine Hautunverträglichkeit hatten, gerade beim Haare färben. Sie erzählte damals, das gerade krebskranke Frauen mit Haare färben und anderen Mitteln Probleme bekamen. Das brachte sie auf eine Idee und sie spezialisierte sich auf diese Probleme und sie belegte weitere Kurse oder Ausbildungen. Sie bot daraufhin medizinische, schonende Haarpflege an. Somit bekam sie immer mehr Kundschaft mit diesen Problemen und sie brauchte keine Angst mehr haben, das sie zu wenig Kundschaft hatte, sie war immer ausgebucht. Natürlich bot sie inzwischen auch Perücken an, sie ließ absolut nichts aus, sie machte alles, was in diesem Beruf denkbar war. Aber nach einer gewissen Zeit gingen unsere Wege auseinander, sie ist bestimmt heute noch so ehrgeizig. Sie hat mit Sicherheit, die beste Kundschaft und bietet auch das Beste an.

Ich will eigentlich nur mit dieser Geschichte sagen, das ein ganz einfacher Handwerksberuf, etwas ganz Großes sein kann, mit ein bisschen Ehrgeiz und seine eigenen Ideen verwirklichen, kannst du dir ein großes Werk schaffen. Nie zu müde sein, sich auf eine neue Situation einzustellen und sie dann auch nützen. Sie hatte es damals getan, dann mache es genauso. Es funktioniert auch in anderen Berufen, einfach nur etwas Außergewöhnliches schaffen, deinen eigenen Traum!

Kindergärtner/in, Erzieher/in, das ist bestimmt ein Beruf, der für viele Frauen, der Traumberuf ist, aber auch dieser Beruf, hat sich im Laufe der Zeit gewandelt, es ist eine sehr anspruchsvolle Arbeit geworden. Er heißt nicht umsonst Erzieherin, darum wirst du eine pädagogische Ausbildung durchziehen müssen und diese Ausbildung wirst du auch brauchen. Ich habe einen Freund und dessen Frau ist eine Kindergärtnerin und die erzählt mir sehr viel über ihre Erfahrung in ihrem Beruf, wie gesagt der Beruf ist sehr anspruchsvoll geworden, eine Arbeit an kleinen Menschen und darunter sind sehr viele Nationen vereint und diese viele Kinder beschäftigen, erziehen und zusammenhalten, da gehört bestimmt ein gutes pädagogisches Wissen und eine Portion Erfahrung dazu. Eine andere Möglichkeit wäre in einer Kindertagesstätte oder Kinderhort sich ausbilden zu lassen oder dort zu arbeiten. Hier sind allerdings die Kinder etwas größer und älter.

Aber wer sich mit unseren kleinsten Menschen beschäftigen will, der sollte sich doch als **Hebamme oder Geburtshelfer/in** ausbilden lassen, in diesem Beruf werden immer Leute benötigt und gesucht, ich könnte mir vorstellen, dass es einige Frauen gibt, die diese Arbeit gerne machen möchten, einen Neugeborenen auf die Welt bringen, ein neues Leben in den Armen halten, ob Mädchen oder Junge, das ist doch egal und du hast deine Arbeit dazu getan, das die Babys gut auf die Welt kommen, das muss doch dir im Arbeitsleben ein gutes Gefühl geben. Dazu kommt, sehr viele Hebammen können in diesem Beruf, eigenständig Arbeiten, müssen aber immer bereit sein, wenn es soweit ist.

Eine gute Alternative in so einem Beruf, wäre bestimmt eine **Krankenschwester**-Ausbildung, in einer Säuglingsstation oder Kinderstation, wer Kinder mag, ist da bestimmt gut aufgehoben, bekommt eine gute Ausbildung, ist in diesem Beruf gut aufgehoben und es sind gute Weiterbildungsmöglichkeiten vorhanden.

Ein guter Handwerksberuf wäre ein **Orthopädiemechaniker/in**, eine sehr umfangreiche Ausbildung, es ist auch eine Arbeit am Menschen, es müssen die Gerätschaften und die Einzelanfertigungen am Menschen ganz gewissenhaft angepasst werden, damit die Kunden keine Beschwerten haben. Damit sie gut mit deinen neu gefertigten Artikeln umgehen können, musst du sie auch geschickt einweisen können. In diesen Beruf gibt auch sehr gute Weiterbildungsmöglichkeiten, zum Beispiel als Orthopädietechniker und noch viele weitere Möglichkeiten.

Eine andere Möglichkeit wäre in einem orthopädischen Fachladen oder Sanitätshaus als Verkaufsfachkraft zu arbeiten und sich ausbilden zu lassen. Es gibt immer eine Vielzahl von Möglichkeiten, die ihr unbedingt nützen müsst, um einen Traumberuf zu erreichen, mit einem Beruf, mit dem ihr immer mit fremden Menschen arbeiten müsst, der aber auch großen Spaß bereiten kann, denn die meisten Menschen sind sehr dankbar, wenn ihnen geholfen wird und sie mit ihrer Behinderung, somit etwas leichter umgehen können.

Natürlich kann auch ein Weg, als **Physiotherapeut/in, Logopäde/in, Gesundheitspfleger/in oder Krankenpfleger/in, Ergotherapeut/in** sein, kranken Menschen helfen, auch Kindern, wichtig ist immer, dass du körperlich und geistig belastbar bist und eine gute pädagogische Ausbildung hast.

Altenpfleger/in, das ganz große Thema zurzeit, ist natürlich die Betreuung von alten Menschen, dieser Berufseinstieg gehört sich gut überlegt, bin ich dafür wirklich geeignet, bin ich körperlich und psychisch belastbar, habe ich die Geduld mit alten Menschen umzugehen, kann ich diese Leute einmal gut betreuen. Besitze ich diese gute, nötige Menschenkenntnis, du wirst mit Sicherheit gut auf diese Arbeit vorbereitet, in einer dreijährigen Ausbildung.

Natürlich bekommst du eine gute Ausbildung mit sehr guten Weiterbildungsmöglichkeiten und Aufstiegsmöglichkeiten, selbst den Bachelor kann man nachholen, alles ist in jeder Richtung möglich. Was wahrscheinlich nicht viele wissen, in der Altenpflege und Betreuung arbeiten mehr Menschen als in der Autoindustrie, es gibt immer mehr alte Menschen und darum werden immer mehr Fachpflegekräfte benötigt.

Besonders in den Pflegestationen ist eine mentale und körperliche Stärke nötig, jeden Tag, die alten Menschen heben und mit ihnen eine körperliche Pflege durchführen, da gehört schon eine gewisse innerliche Stärke dazu, ich kenne solche Menschen, die so eine Arbeit durchführen, aber sie sind sehr stolz auf ihre Arbeit und sie haben Freude daran, sie besitzen das nötige, gewisse etwas, das sie diese anspruchsvolle Arbeit durchführen können. Ich habe große Achtung vor solchen Menschen, die diese Arbeit gut gelaunt machen können.

Deswegen erzähle ich ein kleines Beispiel, 11 Jahre bin ich fast täglich in einem Bezirkskrankenhaus ein und ausgegangen, auch in geschlossenen Anstalten, darüber habe ich 3 Bücher geschrieben, meine Ex-Frau war damals schwer krank und war oft in diesen Abteilungen untergebracht worden.

Ich hatte deswegen viel Kontakt mit den Krankenschwestern und Pflegern, die in diesen Abteilungen beschäftigt waren und hatte vieles erlebt, was in diesen Abteilungen abgegangen ist, was diese Fachkräfte mitgemacht hatten, sie hatten bestimmt zu Hause jeden Tag viel zu erzählen. Ich hatte vor diesen Schwestern große Achtung, sie brauchten eine große mentale Stärke, um mit diesen psychisch kranken Patienten umzugehen, ich hatte mir damals gesagt, ich könnte diesen Beruf nicht machen, ich könnte diese Geduld nicht aufbringen, das würde ich ein ganzes Berufsleben nicht durchhalten. Für diesen Beruf muss man geschaffen sein, sonst hält man das nicht lange durch. Natürlich kannst du auch hier eine Ausbildung machen, wenn dir so etwas Spaß macht, wenn du mit diesen Menschen umgehen kannst oder es lernen willst.

Natürlich gehört eine Ausbildung oder eine Arbeit in einem Krankenhaus oder Klinikum dazu, du lernst viele Abteilungen kennen und viele verschiedene Krankheiten kennen. Du wirst vielleicht auch die Notaufnahme und Intensivstationen kennenlernen, wie alles schnell und reibungslos alles ablaufen muss, du wirst lernen müssen, wie du mit verschiedenen Medikamenten und Gerätschaften umgehen musst. Vielleicht kannst du auch mal mit einem Krankenwagen, bei Einsätzen mitfahren und helfen. Da gibt es viel zu lernen und du wirst eine Menge Erfahrung sammeln. Hier wirst du mit Sicherheit viel Leid kennenlernen, damit musst du umgehen können.

Vielleicht sah ich das mit anderen Augen, weil ich durch die Krankheit meiner Ex-Frau, das selbst jeden Tag durchmachte. Wen meine Biografie interessiert, sie heißt der Wahnsinn an meiner Seite. Besonders für diejenigen geeignet, die einen solchen Beruf erlernen wollen oder sogar schon arbeiten, sie sollen an meinen Erfahrungen und Erlebnissen teilhaben können.

Natürlich gibt es noch viele weitere Berufe an denen du mit Menschen Arbeiten kannst, dazu gehört eine **Sprechstundenhilfe, Arzthelfer/in**, in allen Bereichen, in denen praktische Ärzte arbeiten, von allgemeinen Hausärzten bis zum Kardiologen, Augenarzt; Frauenarzt, Lymphologe, Zahnarzt und natürlich gehört der Männerarzt ein Urologe auch dazu und viele weitere Fachärzte, überall wird deine Hilfe und Arbeitskraft gebraucht. Es ist bestimmt eine interessante Ausbildung, du lernst mit der Zeit die Tätigkeit deines Arztes kennen und einen Einblick in dessen Beruf. Du lernst viele Kunden deines Arztes oder besser gesagt Patienten kennen, bald wirst du einige Dauerkunden mit dem Namen kennen und welche Beschwerten sie oder er hat. Dann weißt du gleich, was du zu tun hast und dein Chef kann zufrieden sein. Der Beruf ist für Frauen sehr geeignet, ich kenne eigentlich nur Frauen die diesen Job machen oder sich darin ausbilden lassen.

Natürlich ist für Frauen der Job bei einem Kinderarzt sehr verlockend und meistens ein Traum. Die kleinen Patienten betreuen, trösten oder loben, bis der Chef kommt und seine Arbeit macht. Aber genauso wie bei einer Kindergärtnerin und bei anderen Ärzten, ihr braucht eine gute Menschenkenntnis, den auch die kleinen Patienten sind Menschen und du musst wissen, wie du mit ihnen umgehen musst.

Ein Beruf mit schwer behinderten Kinder, die Kinder leben in einem Heim, das mag sehr anstrengend und sehr schwierig sein, schon die Ausbildung mag sehr schwierig sein, ich habe mal erklärt bekommen, dass dieser Beruf noch eine Zusatzausbildung benötigt und die darf erst mit vollendeten 21 Jahren begonnen werden. Ich kann mir gut vorstellen, warum das so geregelt wurde. Für diese schwer behinderten Kinder, brauchst du eine sehr gute Erfahrung und eine sehr gute pädagogische Ausbildung, die Kinder wollen, dass du für sie da bist, sie brauchen dich und du musst auch sehr viel Geduld mitbringen und für dich wäre die beste Voraussetzung, du magst Kinder, auch wenn sie behindert sind, egal in welcher Form, geistig sowie körperlich.

Es gibt auch eine Einzelpflege, da bist du für ein einzelnes Kind verantwortlich, aber das ist bestimmt auch nicht einfacher, der Fall ist sehr wahrscheinlich deswegen noch schwieriger.

Wenn du dich wirklich für so eine Aufgabe entscheidest, dann solltest du wissen, welchen Zweig der Pflege du dich entscheiden willst, welche Menschen will ich betreuen, kleine oder große, junge oder alte, psychisch krank, geistig oder körperlich behinderte Menschen. Die Entscheidung kann ich dir nicht abnehmen. Aber ich bin mir sicher, in diesem Beruf kannst du später noch in eine andere Richtung der Pflege wechseln.

Es gibt eine Vielzahl von Berufen mit denen du mit Menschen arbeiten musst, so kannst du auch in einem Hotel arbeiten, als **Hotelfachkraft**, das ist auch ein interessanter Job, hier bekommst du es auch mit vielen Leuten, Familien und Pärchen zu tun. Jeden Tag ist ein kommen und gehen, du lernst viele Menschen persönlich kennen und wie sie sich geben. Du wirst auch vieles Erleben und manche Überraschungen erleben. Dieser Beruf ist sehr vielseitig und die Ausbildung wird schon sehr anspruchsvoll sein, was in diesem Beruf bestimmt sehr reizvoll ist, du kannst, wenn du eine gute Ausbildung hast, immer wieder in ein gutes anderes Hotel wechseln und weitere Erfahrungen sammeln und vor allem immer etwas dazu lernen, vielleicht schaffst du es auch in hervorragende Sterne Hotels zu arbeiten, ganz Europa kannst du kennen lernen, vielleicht auch einiges von der Welt kennen lernen. Vielleicht lernst du auch einen netten Partner/in kennen und du machst mit deiner Partner/in irgendwann ein eigenes kleines Hotel auf, das wäre doch ein gutes Ziel und das sollte man nie aus den Augen verlieren. Besonders wenn ihr dabei von einem Hotel zu einem andern zieht, ihr seid nie alleine und könnt eure Erfahrungen austauschen. Das macht euch noch stärker. Aber anderes gutes Ziel wäre, ein Hotel zu leiten, bevor ihr ein eigenes eröffnet.

Ich habe euch einiges über diese Berufe erzählt, überlege es dir gut, ob du diese sehr anspruchsvolle Arbeit wählst. Wenn du dafür geeignet bist, dann wirst du sehr viel Freude haben, mit diesen vielen Menschen.

Kapitel 5

Arbeit mit Tieren

Es gibt nicht nur eine Arbeit am Menschen, auch die Tiere brauchen Hilfe und eine Betreuung. Auch bei Tieren braucht man eine gute Kenntnis, wie man mit ihnen umgeht. Wie verhalten sie sich, ich kann es nicht lassen zu behaupten, Tiere sind oft die besseren Menschen. Oft werden die Tiere ihrem Schicksal hilflos überlassen und sie nehmen ihr Leid, ohne sich zu beklagen hin.

Wenn du vielleicht zum Entschluss kommen würdest, mit Tieren zu arbeiten, wirst du es sehr wahrscheinlich erleben. Tiere, denen geholfen wird, sind oft sehr dankbar, du wirst es zu spüren bekommen. Sie haben auch Gefühle, Angst und Freude und vielleicht schenken dir einige Tiere ihr ganzes Herz.

Natürlich der Job beim Tierarzt, du wirst denken, das musste ja kommen, ich möchte es nur kurz erwähnen, dort wirst du es meistens nur mit Haustieren zu tun bekommen, außer dein Chef hat mehrere Stammkunden, wie Bauern, Pferdehöfe, dann könnte die Ausbildung oder die Arbeit um einiges interessanter werden und du lernst wieder neue Menschen und Tiere kennen. Natürlich könnte der Arzt auch in einem Zoo aus und eingehen. Da wäre die Ausbildung sehr umfangreicher und du könntest sehr viel lernen und dich später dementsprechend Weiterbilden.

Wir können aber noch einen Schritt weiter gehen und in einer Tierklinik eine Ausbildung machen, da bin ich mir sicher, hier wirst du mit Sicherheit es mit allen möglichen Tieren zu tun bekommen und wenn du Tiere magst, großen

Spaß bei dieser Arbeit haben. Dort kannst du mit Sicherheit auch bei Geburten dabei sein, vielleicht bei Kälbern, Fohlen oder Hunden und Katzen. Das wäre doch bestimmt sehr reizvoll. Bist du jetzt neugierig den Beruf zu erlernen?

Gerade hatte ich einen Zoo erwähnt, da wäre natürlich eine Ausbildung oder Job auch eine gute Alternative, eine sehr anspruchsvolle Arbeit mit sehr vielen Tierarten aus allen Kontinenten der Welt, hier ist natürlich eine sehr gute Kenntnis mit Tieren gefragt und eine gewisse Vorsicht sollte auch nicht fehlen.

Sonst sind mir leider keine weiteren Ausbildungen und Jobs bekannt, dass du mit Tieren arbeiten kannst. Es ist wirklich nicht gerade leicht, so einen Ausbildungsjob zu finden, denn es gibt nicht gerade viele Berufe dafür und dementsprechend viele Ausbildungsberufe. Außer du könntest, als eine Verkäufer/in, in einem Tierfachhandel arbeiten, da kommen viele Hundebesitzer, die du beraten kannst und ihnen zum Beispiel: Bei einem Halsband für ihren Liebling behilflich sein, sogar beim Anprobieren und Anpassen. Oder du kannst eine Ausbildung als Landwirt/in machen, das wäre auch eine Möglichkeit. Aber auf dieses Thema komme ich noch einmal zurück.

Kapitel 6

Arbeit mit Pflanzen

Eine Arbeit mit Pflanzen ist immer etwas Besonderes, einen schönen blühenden Park schaffen, einen besonders schönen Garten anlegen, das menschliche Auge will immer einen bunt angelegten Park sehen und es zieht einen magisch an, dort hinzugehen und anzuschauen. Manche Gärten oder Parks sind wahre Meisterwerke, sie sind wahre Kunstwerke, wie ein Gemälde, das Spiel der Farben muss stimmen, die Pflanzen müssen zusammen passen, das muss gelernt sein, man könnte neidisch werden, denn meinen Garten bekomme ich mit noch so viel Mühe nicht so perfekt hin. Da braucht man eine gute Ausbildung und danach kann man sagen, diesen Park hat ein echter Fachmann angelegt. Das war bestimmt ein Facharbeiter, ein guter gelernter Gärtner, ein wahrer Meister.

Mit Pflanzen arbeiten bereitet Spaß, ihr arbeitet direkt mit der Natur, ihr lernt die Natur kennen und zu verstehen. Diese Ausbildung als Gärtner ist wahrscheinlich umfangreicher, als mancher denkt, es gibt sehr viele Pflanzen und die musst du kennenlernen und wissen, wie du damit umgehen musst, zum Beispiel, in welcher Erde sie sich wohlfühlt und wächst, wann sie blüht, wie man sie vermehrt und pflegt und vieles mehr. Da kommt bestimmt eine Menge Stoff zusammen, den ihr lernen müsst, aber bestimmt in der Praxis auch mitbekommt.

Gärtner/in, Landschaftsgärtner/in oder Garten und Landschaftsbau, das ist eine schöne

Ausbildung und ein schöner Job, aber auch unter Umständen jedem Wetter ausgesetzt, das solltest du bei der Wahl des Berufes mit einkalkulieren.

Es gibt aber noch eine andere Variante, du könntest deine Ausbildung in einem großen Gartencenter beginnen, auch hier lernst du alles und musst alles können und du könntest vielleicht eine Ausbildung, als **Florist/in** beginnen, schöne Blumensträuße und Trockensträuße zusammenstellen, Kränze binden, Tischdekorationen machen, Hochzeitsfloristik und vieles mehr, das wäre doch ein schöner kreativer Ausbildungsberuf, der unter Umständen auch keine schlechte Wahl wäre.

Es gibt noch eine andere Variante, fast jede größere Stadt hat einen botanischen Garten, der eine Pflege braucht und Leute darin ausbildet, das wäre doch ein sicherer Arbeitsplatz und du kannst immer etwas Neues dazulernen, viele Arten von Pflanzen und Bäume kennenlernen, sogar aus verschiedenen Kontinenten. Eine andere Möglichkeit wäre, manche Städte haben den Tierpark oder Zoo mit dem botanischen Garten verbunden. Das wäre noch schöner und es macht deine Ausbildung und Arbeit noch interessanter. Die Tiere gehören zwar nicht zur Ausbildung und zur Arbeit, aber bestimmt kannst du auch mal beim Füttern oder bei anderen Tätigkeiten etwas beobachten und vielleicht mit helfen.

Kapitel 7

Arbeiten mit Lebensmitteln

Ich kann mir gut vorstellen, dass einige Fachrichtungen mit Lebensmitteln zu verarbeiten, sehr schöne Berufe sind und genauso anspruchsvoll zu erlernen sind. Eine solche Ausbildung einzuschlagen ist bestimmt nicht falsch, denn auch hier gibt es ein großes Angebot für dich, eine Ausbildung herauszusuchen.

Natürlich fällt einem als Erstes, der Beruf als **Verkäufer/in** in einer Bäckerei, Metzgerei oder in einem Lebensmittel Discounter ein, aber dieses Thema hatten wir schon, mit Arbeiten mit Menschen, dann arbeitest du dort mit Lebensmittel und Menschen, das ist kein langweiliger Beruf, du bist eine Fachkraft und du weißt genau, wo es lang geht, du kennst dich aus mit Lebensmitteln und mit dem gesamten Angebot im Laden und dazu kannst du mit Menschen umgehen.

Den meisten Jungs wird bestimmt der Beruf **Metzger/in** einfallen, ja er ist bestimmt ein schöner kreativer Beruf, die Ausbildung dafür, ist bestimmt genauso anspruchsvoll. Diese sehr vielen Wurst- und Fleischsorten zu kennen und dazu noch herzustellen und sie müssen auch köstlich schmecken, das muss gut gelernt sein. Vielleicht kannst du auch eine eigene gute Wurstsorte erfinden und dann gut verkaufen, dann bist du mit Sicherheit der King. Aber was ich nicht könnte und das mit Sicherheit, ein Tier töten, das wäre für mich das schlimmste. Wenn mich das Tier mit seinen Augen ansieht, dann wäre es bei mir aus, es würde bei mir sehr lange Leben und hätte es bei mir schön. Ja bei diesem Beruf musst du sehr wahrscheinlich, auch das können und gut damit umgehen können, es darf dich nicht belasten und innerlich auffressen.

Vielleicht schaffst du es dann, dich weiter zu bilden und eine Meisterausbildung zu machen und einen schönen Laden aufzumachen und das du deine eigenen Spezialitäten anbieten kannst, vielleicht hast du, dann auch eine geeignete Partnerin kennen gelernt, die dir im Laden behilflich ist und genau weiß, was die Kunden kaufen wollen und auf was es ankommt. Eine gute Metzgerei geht immer, die gute frische Ware aus der Region verkauft und einen leckeren Imbiss nebenbei anbietet. Gutes Essen geht immer, da kaufen und essen die Leute immer. Das wäre doch eine gute Überlegung wert.

Die nächste Überlegung wäre **Bäcker/in und Konditor/in** zu lernen, bei diesem Beruf braucht man keinem Tier wehtun, das wäre für mich ein großer Vorteil, dass ich diesen Beruf wählen würde. Ich bin zwar kein großer Fan, von Torten und Kuchen essen, aber trotzdem würde ich heute diese Ausbildung in die engere Wahl nehmen, wegen einem größeren Hintergedanken. Ich würde Bäcker und Konditor lernen, ich würde später noch die Herstellung von Pralinen erlernen wollen und ich würde auf jeden Fall später eine Meisterausbildung machen und einen geeigneten Standort für mein eigenes Café suchen, in meiner Stadt, in meinem kleinen Stadtteil, dort gibt es kein einziges schönes Kaffee, da bräuchte ich nicht lange zu suchen und wenn ich gute Ware anbiete, brauche ich mich um meine Kundschaft keine Sorgen machen, die kommt dann von ganz alleine. Das wäre doch ein guter Traum, den man nie aus den Augen verlieren darf. Ich erinnere noch einmal, immer seine eigenen

Ideen verwirklichen und diese Idee auch perfekt ausführen, vielleicht hast du eine sehr leckere Torte oder Praline im Kopf gespeichert und diese wollen dann alle Kunden kaufen oder bei einer Portion Kaffee, bei dir genießen.

Männer wollen Bier trinken und auch Bier brauen, sagen meistens die Frauen, ich habe gehört, dass es auch Frauen in diesem Beruf gibt, die ein gutes Bier brauen können, warum nicht, sie können das genauso lernen und sie haben auch einen sehr guten Geschmack. **Brauer/in und Mälzer/in** ist genauso ein Ausbildungsberuf und gehört zum Handwerk und bestimmt eine interessante Arbeit, besonders, wenn ein sehr gutes Bier aus einem Zapfhahn kommt, ob ein Helles, Export, Pils oder Weißbier, alkoholfreie Sorten und noch weitere spezielle Sorten. Dann kannst du stolz auf deine Arbeit sein und wenn du mit deiner Frau oder Freunden ausgehst und dein Bier wird ausgeschenkt, kannst du Fragen, wie schmeckt euch das Bier, wenn sie sagen gut, kannst du daraufhin sagen, eben, das habe ja, ich gebraut. Natürlich gehört auch zu diesem Beruf auch andere Getränke herzustellen, wie Limo. Natürlich gehört Schnaps brennen auch dazu, ich persönlich kenne nicht viele große Schnapsbrennereien, die ausbilden, aber ich weiß, es ist ein Beruf, aber ich kenne umso mehr Brauereien. Natürlich kannst du dich weiterbilden, eine Braumeisterausbildung machen und noch einige andere Schulungen, alle Türen zu deinem Glück stehen offen, nutze sie.

Einen spitzen Wein herstellen, das muss auch gelernt sein, eine gute Ausbildung, von einer Beerenlese, bis ins Weinfass, da gehört eine gute Ausbildung und eine langjährige Erfahrung dazu, das hört sich so einfach an, ist es aber nicht. Ein guter **Winzer/in** zu sein, da gehört nicht nur einen guten Geschmack zu haben, sondern da gehört viel mehr dazu, wie wird Tafelwein, Spätlese, Eiswein, oder ganz einfach, es soll immer ein guter Jahrgang werden und dieses gute, alte Handwerk muss weitergeführt werden. Wenn du ein guter Meister geworden bist und eigene Reben besitzt, kannst du einmal deinen eigenen Wein verkaufen und dieser ist der beste Wein und er wird eine Auszeichnung bekommen, dann hast du es geschafft.

Jetzt lassen wir das Thema Bier und Wein hinter uns und widmen uns dem weißen Getränk Milch, was man aus Milch alles Produzieren kann, wie das am besten gemacht wird, das muss gelernt sein und das weiß ein **Molkereifachmann oder Molkereifachfrau,** die oder der weiß wie Milch zu Butter, Käse, Sahne, Jogurt hergestellt wird, wäre das eine Ausbildung für dich? Das ist bestimmt kein schlechter Beruf und bestimmt gibt es wie in jedem Beruf eine Möglichkeit mit bestimmten Schulungen eine Aufstiegsmöglichkeit.

Was viele Menschen heute wahrscheinlich nicht wissen, du kannst sogar eine Ausbildung als **Landwirt/in** machen, warum nicht, du musst wissen, wie du mit der Natur umgehen musst, du musst Tiere mögen, du solltest sogar Spaß haben mit Tieren zu arbeiten und ein großes Verständnis für ökologische Zusammenhänge haben und Interesse an betriebswirtschaftlichen Vorgängen, solltest du unbedingt auch mitbringen und eine große Einsatzbereitschaft, die Tiere warten sehr früh auf dich, egal, ob du gefeiert hast oder nicht, du musst da sein, die Ernte muss rein, egal ob es Sonntag ist, wenn das Wetter nicht passt und alles zerstört werden könnte. Auch in diesem Beruf wäre eine Partnerin oder Partner wichtig, die oder der für eine Landwirtschaft geeignet oder besser gesagt, nichts anderes will. Ich denke der so eine Ausbildung wählt, der will früher oder später einen für sich geeigneten Bauernhof kaufen und seinen Traum ausleben. Vielleicht würdest du auch einen Biohof machen und selbst deine guten Produkte verkaufen, das machen viele Bauern heute und das mit großem Erfolg.

Es geht weiter mit Landwirtschaft, es gibt immer mehr Obstbauern und das ist auch gut so, sie machen Erdbeerfelder, hier können die Leute ihre Früchte selbst ernten, die müssen nicht erst durch halb Europa gefahren werden.

In der Landwirtschaft ist vieles möglich, du kannst dich spezialisieren, auf einer Puten-Farm, spezielle Rinder oder Schweine, sogar Strauße oder vielleicht fällt dir etwas ganz Neues ein, mit welchen Tieren du dich von den anderen Bauernhöfen oder Farmen absetzen willst. Vielleicht willst du eine Fischzucht anfangen, auch das sollte gelernt sein, mit einem dazugehörigen Restaurant, das wäre doch nicht schlecht.

Aber du kannst dich auch auf die Felder spezialisieren und dort etwas Rentables anbauen, warum nicht, dir fällt bestimmt etwas ein, was du gerne machen möchtest. In diesem Beruf steht dir alles offen, wenn du dein eigener Herr bist und sogar die geeignete Partnerin oder Partner hast. Von Getreide, Hopfen, Spargel, bis zu den vielen Sorten von Gemüse, kannst du alles anbauen, aber erst solltest du genau prüfen, ob es wirtschaftlich Rentable ist. Aber das machst du schon.

Jetzt kommen wir zu einem sehr interessanten Beruf, da kommen die vielen Sorten von Lebensmitteln direkt in die Pfanne oder in den Topf. **Koch oder Köchin**, das ist doch ein guter Beruf, der eine sehr gute Ausbildung braucht und einen sehr guten Lehrbetrieb. In diesem Beruf kannst du alles erreichen. Siehe unsere Starköche im Fernsehen.

Machst du die Ausbildung und schließt sie gut ab, verhält es sich genauso wie bei einer **Hotelfachfrau oder Hotelfachmann**. Du solltest erst Erfahrung sammeln und in verschiedenen Restaurants arbeiten oder vielleicht sogar im Ausland arbeiten und in den verschiedenen Hotels arbeiten und die verschiedenen Geschmäcker kennenlernen. Oder vielleicht hast du Glück und kannst einmal auf einem großen Schiff arbeiten, das Sterneköche will. Dann wirst du überall auf der Welt in jedem Sterne Hotel oder Restaurant gerne genommen und kannst deine Künste als Koch beweisen.

Vielleicht hast du auch einen Traum, den du dir unbedingt erfüllen willst. Ein ausgezeichnetes Hotel oder Restaurant, indem du unbedingt arbeiten willst, vielleicht schaffst du es, mit deinem guten Ruf, den du dir erarbeitet hast, dort unterzukommen und zu arbeiten. Aber es gibt ja eine andere Möglichkeit, du hast einen tüchtigen Partner/in, der genau zu deinem Vorhaben passt und den richtigen Beruf erlernt hat, du willst dein eigenes Restaurant eröffnen und deine Kundschaft mit ausgezeichneten Essen begeistern, das dein Ruf bis über die Grenzen hinaus zu hören ist. Dann ist dein Traum erfüllt.

Es gibt noch eine andere Art von Ausbildung, das wäre ein **Diätassistent/in**. Du wirst lernen, wie du übergewichtige Leute überzeugen kannst, anders zu kochen und zu leben. Du wirst alle Lebensmittel kennen und wissen lernen, welche davon für diese Menschen gut sind, wie sie diese einsetzen müssen in der Küche. Du wirst auch mit ihnen Kochkurse durchführen. Nehmen die Leute tatsächlich ab, dann ist es dein Erfolg und diese Menschen werden dich mögen, denn sie sind froh, dass sie ein paar Pfunde verloren haben.

Sehr wahrscheinlich wirst du auch eine Kochausbildung haben oder du kannst sie nachholen, vielleicht kannst du ein Restaurant mit Diätspeisen eröffnen und damit Erfolg haben, das wäre doch einmal was Neues. Es liegt nur an dir, was du daraus machst.

Alleine 13 Prozent aller Beschäftigten arbeiten in der Lebensmittelwirtschaft, sie teilen sich auf in der Landwirtschaft, Agrargroßhandel, Lebensmittelhandwerk, Ernährungsindustrie, Lebensmittelgroßhandel, Lebensmitteleinzelhandel, Gastgewerbe. In welchen Bereich du deine Ausbildung anfangen willst, musst du alleine entscheiden, aber ich denke, du wirst das richtige heraussuchen und finden.

Kapitel 8

Arbeiten mit Holz

Mit einem Werkstoff direkt aus der Natur zu arbeiten, kann nur bedeuten, dass es ein schöner interessanter Beruf ist. Holz, aus diesem lassen sich wunderbare Sachen machen. Ich habe mir oft gedacht, warum bin ich zu Metall gegangen, Holz ist doch auch ein schöner Werkstoff und hat sehr schöne Berufe, wie Schreiner, Tischler, Zimmerer, Drechsler, Holzbildhauer, Holzblasinstrumentenmacher, Geigenbauer, Holzspielzeugmacher, technischer Modellbauer, Parkettleger, Böttcher, Holz- und Bauten Schützer, Bootsbauer, Förster, Restaurator. Da ich schon einige Holzberufe erwähnt habe, möchte ich einige weniger bekannte Berufe aufzählen, von Ausbildungsberufen die kaum ein Mensch erwähnt, das Handwerk bietet mehr als man glaubt. Vielleicht könnte gerade die Arbeit dich interessieren, weil du noch nie etwas von diesem Beruf gehört hast, gerade darum könnte er dich reizen, genau das kennen zu lernen und dann damit deine Ausbildung zu machen.

Dieses Handwerk ist sehr vielseitig und bietet diese verschiedene Berufe an, man müsste meinen, dass einer dieser Berufe dich doch ansprechen könnte, das zu erlernen. Es ist nicht so, dass du so ein Handwerk ein Leben lang machen musst, in all diesen Berufen kannst du dich weiterbilden, einen Meister, eine Technikerschule machen, dieser Weg steht dir offen, sogar ein Ingenieur kannst du noch werden.

Frauen und Männer sind für diese Ausbildung immer willkommen, es muss nicht unbedingt ein Gymnasium oder ein Realschulabschluss sein, ich habe gehört, dass viele Betriebe auch Schüler mit einem guten Hauptschulabschluss für ihre Ausbildung nehmen. Ihnen ist wichtig, dass du handwerklich nicht ganz ungeschickt bist, deine Lehre schaffst und dann weiterhin eine Hilfe bist. Es ist absolut heute keine Schande, wenn sie oder er in einem handwerklichen Beruf, wie Schreiner und in den vielen anderen Berufen arbeitet und sich ausbilden lässt. Du musst dir immer sagen, ich bin stolz ein Facharbeiter/in oder Fachkraft/in zu sein. Das kann auch nicht jeder von sich behaupten. Diese Ausbildung schafft auch nicht jeder, aber ich habe einen Abschluss.

Schreiner/in oder Tischler/in zu lernen ist keine Schande, nicht jeder hat einen Beruf, für den es zwei Bezeichnungen gibt, im Süden Schreiner und im Norden Tischler, diese Ausbildung ist sehr Umfangreich, deine schöne Aufgabe wird sein, diesen schönen, natürlichen Werkstoff Holz eine schöne Form zu geben, etwas Richtiges und Wichtiges daraus fertigen. Du wirst viele verschiedene Naturholzarten kennenlernen, von Hartholzarten und weichere Hölzer und viele die hier gar nicht vorkommen, alle Holzwerkstoffe, aber du wirst es mit Kunststoff, Glas und Stein auch zu tun bekommen, so vielfältig deine Materialien, sind auch deine Aufgaben und deine Produkte, die du in deinem Beruf herstellst. Das hört sich doch gut an, du kannst so gut wie alles erlernen und dann herstellen, darauf kannst du dann auch richtig stolz sein.

Ein **Zimmerer/in** ist überall gefragt, er darf nur nicht ein Brett vor dem Kopf haben, dann kannst du diese anspruchsvolle Ausbildung beginnen. Überall wo eine Holzkonstruktion gebraucht wird, ist ein Zimmermann/Frau gefragt und deine Arbeitskraft wird gebraucht. Fast in jedem Haus, Kindergärten und Schulen, das gebaut wurde, war ein oder mehre Leute, die deinen Beruf erlernt haben am Werk, auch dieser Beruf hat Zukunft. Dieses Handwerk, das mit einem nachwachsenden Werkstoff arbeitet, wird es noch lange geben und auch du kannst, deinen Kindern die Häuser zeigen, an denen du gearbeitet hast, auf deine Arbeit kannst du immer stolz sein. Du wirst Unterumständen auch bei Sanierungen von alten Häuser oder Fachwerkhäuser mit anfassen können oder bei Ingenieurbauwerken wie zum Beispiel Brücken, werden deine Fähigkeiten und Fertigkeiten immer benötigt. Auch bei Fertighäuser ist immer ein Arbeitsplatz für dich frei. Für diese Arbeiten werden immer

Arbeitskräfte benötigt, also kannst du gleich loslegen, viel Spaß bei deiner Ausbildung.

Ein sehr alter Beruf ist auch ein **Drechsler/in**, dieser Beruf ist immer für eine runde Sache, früher hatte ein Drechsler auch mit Elfenbein gearbeitet, was ab 2016 verboten wurde. Fast alle rund gefertigten Holzhandarbeiten, hat dein Handwerk, seine Finger im Spiel. Einen guten Rohstoff in die Maschine und dann geht es ab und du drehst dein gutes Stück nach einer Skizze und schleifst es dann noch fein ab. Wenn du in der frühe noch den guten Geruch von feinem Holz in der Nase hast, dann ist es der richtige Beruf für dich.

Holzblasinstrumentenmacher/in halte ich für eine sehr anspruchsvolle Ausbildung, es ist eine sehr feinfühlige Arbeit, du arbeitest nicht nur mit Holz, sondern mit vielen Materialien und wenn du etwas für Musik übrig hast und das gewisse Gehör, dann bist du am richtigen Platz, für diesen Beruf und wie in jedem Beruf, du kannst dir etwas aufbauen, du arbeitest mit vielen Musikern zusammen, die bei dir Instrumente kaufen. Vielleicht kauft bei dir auch einmal ein richtiger Star ein Instrument oder vielleicht mehrere.

Geigenbauer/in ist eine außergewöhnliche Ausbildung, es braucht natürlich sehr viel Feingefühl, du lernst nicht nur eine Geige herzustellen, du lernst auch andere Streichinstrumente herzustellen, wie eine Violine. Aber wenn, du einmal das herrliche Gefühl hast, ein so prachtvolles Stück hergestellt zu haben und hörst, wie dein Meisterstück klingt, gespielt von einem Profi, kann es zu einer Sucht werden, du willst bestimmt noch ein besseres Einzelstück herstellen und du weißt, wie es geht. Dann wünsche ich dir viel Erfolg bei so einem außergewöhnlichen Beruf.

Du hast eine Leidenschaft für Holz und eine kleine künstlerische Begabung, dann ist es der richtige Beruf für dich, **Holzbildhauer/in**. Es ist ein ganz normaler Handwerksberuf der eine gute Ausbildung benötigt, sogar mit einer Kettensäge. Ein Kunde kommt zum Beispiel zu deinem Chef und benötigt ein Wappentier aus einem bestimmten Holz für seinen Garten und du fertigst es an, genau nach seinen Wünschen, du hast einen richtigen künstlerischen Beruf. Vielleicht willst du einmal deine eigene Richtung einschlagen und bildest dich weiter und stellst deine eigenen Kunstwerke her.

Holzspielzeugmacher/in eine Arbeit, die viel Liebe zum Detail braucht, denn es ist für Kinderhände gedacht, ich könnte mir vorstellen, dass es eine Ausbildung ist, die für Frauen geschaffen ist. Du musst dich bestimmt mit sehr vielen EU-Vorschriften in der Ausbildung auseinandersetzen, welche Rundungen braucht das Holz, es darf keine Kanten haben, wie darf das Holz behandelt werden und was für Holz darf verwendet werden, das es keine feine Absplitterungen bekommt. Aber wenn du einem Kind so ein schönes Kinderspielzeug schenkst und die kleinen Augen strahlen, dann hat sich deine Mühe gelohnt. Vielleicht hast du ein kleines Auto hergestellt oder ein Feuerwehrauto, eine Puppenküche, einen Einkaufsladen und viele Unikate, die lustig bemalt sind, deiner Kreativität steht nach der Ausbildung nichts im Weg, die Kinder werden sich freuen mit deinem fantasievollen Stücken zu spielen. Was kann es schöneres geben?

Du willst eine Ausbildung wie vor 2000 Jahren, dann ist der **Böttcher oder Böttcherin** der richtige Beruf für dich. Die Fässer oder großen Ziergefäße werden noch immer, wie vor zweitausend Jahren hergestellt. Die Fässer werden immer noch in Brauereien, Schnapsbrennereien und zur Weinherstellung benötigt. Du wirst lernen, das nicht jedes Holz zur Fass Herstellung geeignet ist, das jedes Fass ein anderes Holz für den bestimmten Inhalt benötigt, das geeignete Fass für einen guten Geschmack. Also wenn du ein Gourmet bist, dann wäre es doch deine Ausbildung.

Holz- und Bauten Schützer/in, ist ein sehr sicherer Arbeitsplatz, dein Beruf wird immer benötigt, bei alten Bauten, Kirchturmdächern, zur Vorsorge oder zur Ausbesserung, zur Schädlingsbekämpfung und zur Beratung der Vorgehensweise zur Rettung des Bauwerkes. Eine sehr sichere Ausbildung steht dir bevor.

Bootsbauer/in ist auch eine gute Ausbildung, die mit sehr viel Holz zu tun hat, du machst eine Ausbildung für Neu,- Aus und Umbau, du arbeitest vornehmlich am Bootskörper, du konstruierst Rumpf, Deck oder Mast und fügst alles zusammen, um sie vor Wasser oder Witterungsschäden zu schützen und behandelst sie mit bestimmten Lacken. Natürlich wirst du sehr viel von der Technik der Schiffe kennen lernen. Wie ein Motor aus und eingebaut wird und von seiner Bordelektronik, dieser Beruf könnte doch sehr interessant für dich werden, wäre das ein Beruf für dich?

Technischer Modellbauer/in ist ein sehr interessanter Beruf, den du als Ausbildungsberuf wählen kannst, du kennst die Produkte schon bevor sie auf den Markt kommen, den du fertigst die Modelle für die Ingenieure und Techniker, damit sie ihre Messungen und andere technischen Details prüfen können, du fertigst eine Karosserie für ein Auto, Schiff, Häuser oder nur für ein Bügelbrett. Du lernst viele Materialien kennen und arbeitest mit ihnen, auch sehr viel mit Holz, du lernst viele handwerkliche Produktionsarten kennen, meistens werden die ersten drei Autos aus Holz gefertigt, bevor es den ersten Prototyp gibt. Da braucht man doch nicht lange überlegen und muss sofort nach einem Ausbildungsplatz suchen.

Du bist kein Bürotyp, sondern liebst die Natur und die frische Luft und geniest die Freiheit draußen zu sein. Dann solltest du dich als **Forstwirt/in** bewerben und dort eine Ausbildung beginnen. Du bist, dann verantwortlich, dass der Wald gesund ist, du machst, Natur, Wald und Landschaftspflege, das heißt neue Pflanzen setzen, Wald aufforsten, Schädlinge bekämpfen und kranke Bäume entfernen, der Wald muss immer erneuert werden und gepflegt werden. Auch der Waldrand muss gepflegt werden. Das Holz war unser erster Rohstoff, das wir genutzt haben und wird einer der wichtigsten bleiben, aber wir müssen sehr auf unseren wichtigen Werkstoff aufpassen, dass es ihm immer gut geht.

Genauso wie beim Forstwirt ist es beim **Förster/in**, du willst draußen sein, dann ist es dein Ausbildungsberuf, du kümmerst dich nicht nur um den Wald in deinem Revier, sondern auch um die dazugehörigen Tiere, du brauchst auch einen ständigen Begleiter, das ist ein Jagdhund, in diesem

Beruf ist es eine Voraussetzung, du musst unbedingt Tiere mögen und wissen, wie man damit umgeht. Wer annimmt, Förster sein ist eine leichte Aufgabe, der täuscht sich, du musst immer für dein Revier und deine Tiere da sein, denn du musst sie auch beschützen, du bist für sie verantwortlich. Aber das wäre doch eine schöne Aufgabe?

Holz wird fast überall benötigt und darum gibt es viele wichtige Berufe, es ist sehr schön mit so einem edlen, natürlichen Werkstoff zu arbeiten, darum macht es Spaß aus einem großen Baumstamm, etwas Hübsches zu Formen und das schöne Endprodukt anzuschauen, das gibt unbedingt ein sehr schönes Gefühl, du kannst dann sehr stolz sein.

Kapitel 9

Arbeiten mit Metall

In dieser Berufssparte sind sehr viele Handwerksberufe vorhanden und da ich in diesem Berufszweig gearbeitet habe und mich auch nicht dafür schäme, sogar stolz darauf bin, dass ich diesen Beruf erlernt und damit gearbeitet habe, werde ich auf dieses Thema noch einmal zurückkommen. Die Metallbranche bietet sehr viele Ausbildungsberufe an und ist bekannt für eine gute Ausbildung von Anlagenmechaniker bis zum Zerspanungsmechaniker und da sind sehr viele interessante Berufe dabei, die für dich unter Umständen infrage kommen könnten

Insgesamt gibt es 71 Ausbildungsberufe in der Metallbranche, ich denke, das könnte doch auch was für dich dabei sein, wie du wahrscheinlich inzwischen siehst, das Handwerk, Facharbeiter und die Fachkräfte bieten eine Vielzahl von Ausbildungsplätzen an, inzwischen denkst du sehr wahrscheinlich, jetzt weiß gar nicht mehr, was ich tun soll, jetzt kommt der noch mit weiteren 71 weiteren Ausbildungsplätzen, nein ich kann nur einen kleinen Auszug von Metallarbeitsplätzen vorschlagen und erwähnen. Ich will auf keinen Fall dich verwirren, aber zum Denken anregen, so zu sagen, an den Beruf habe ich gar nicht gedacht, das könnte vielleicht gar nicht so schlecht sein, diesen Beruf schaue ich mir mal genauer an.

Natürlich ist auch die ganze Metallbranche dafür bekannt, dass es sehr gute Aufstiegsmöglichkeiten gibt, von Meister bis zum Ingenieur, alles ist vorhanden, es liegt nur an dir, was du machen willst, aber auch als Handwerker bist du immer herzlich willkommen?

Ich fange gleich mal mit A, wie **Anlagenmechaniker/in** an, du wirst eine sehr umfangreiche Ausbildung bekommen, du wirst technische Zeichnungen lesen lernen, du wirst auf Computer gesteuerte Maschinen geschult, du lernst das Schweißen kennen. Du wirst in der Planung von Arbeitsaufgaben eingewiesen. Von der Montage bis zur Einweisung des Kunden, bist du bei deinen gefertigten Teilen.

Als Anlagenmechaniker fertigt man entweder von Hand oder mithilfe spezieller Maschinen Einzelkomponenten für größere Maschinen, Apparate und Geräte verschiedener Industriebereiche wie Kessel, Rohre oder Tanks. Man zeichnet zum Beispiel Formstücke vor und schneidet das

Blech danach manuell mit einer Blechschere oder computergesteuerten Fräsmaschinen zu. Die Einzelkomponenten werden zu Baugruppen oder Anlagen zusammengefügt, etwa durch Schweißen und die Funktionen werden eingestellt und überprüft. Ist ein Umbau oder eine Erweiterung der Anlage erforderlich, ist erneut der Anlagenmechaniker mit seinem geschulten Wissen gefragt.

Ich schreibe erst das Positive, in deiner Ausbildung wirst du schon von Anfang an nicht schlecht verdienen, du wirst in deinem Beruf sehr oft eine Schutzkleidung tragen müssen, es kann sein, wenn deine Ausbildungszeit vorüber ist, dass du Schichtarbeit machst und auf Baustellen arbeiten musst, du wirst Unterumständen Montagefahrten einplanen müssen.

Aber du wirst sehr wahrscheinlich nicht alleine sein, du musst ein guter Teamplayer sein, denn selten macht ein Anlagenmechaniker seine Arbeit alleine. Das wäre doch etwas für einen sehr schlauen Kopf, der immer etwas wichtiges Unternehmen will?

Ich komme sofort auf das Z der Metallberufe, du kannst dich auch ein Leben lang, an eine große computergesteuerte Maschine stellen und als Zerspanungsmechaniker/in arbeiten, diesen Beruf zu erlernen ist bestimmt sehr interessant. Auf jeden Fall, verdienst du schon in der Ausbildung nicht schlecht, vielleicht mehr als deine Freunde, die in einer anderen Branche sich ausbilden lassen. Du lernst sehr präzise zu arbeiten, oft musst du auf ein Hundertstelmillimeter arbeiten und messen können, aber das wirst du lernen.

Deine präzisen Arbeiten werden überall gebraucht, für kleine und große Maschinen, Schiffe und Flugzeuge, bis zur Werkzeugherstellung. Du lernst viele solcher Maschinen kennen, auch manuelle, von Bohren, Fräsen, Hobeln, Drehen und Schleifen und so weiter. Als Zerspanungsmechaniker musst du alle Maschinen beherrschen, auch Computergesteuert. So wirst du auch eine dreieinhalb jährige Ausbildung machen, damit du alles kennenlernen kannst. Du musst sämtliche Passungen kennen und auch herstellen können.

 Wusstest du schon, dass heutzutage kaum ein Bereich aus der Industrie ohne die Produkte eines Zerspanungsmechanikers auskommt? Das ist doch etwas, daraufhin könntest du dir doch überlegen, ob du dich an eine solche Maschine stellen könntest, es ist doch ein sehr krisensicherer Arbeitsplatz, denn du kannst dann auch mit verschiedenen Materialien arbeiten, du sagst dir, ohne mich kann nichts hergestellt werden.

 Aber du kannst etwas ganz anderes lernen, du machst eine Ausbildung, als Fachkraft für **Lagerlogistik**. In der Lagerlogistik sorgst du dafür, dass dein Unternehmen mit den nötigen Waren versorgt wird und die Exportgüter in die Welt gelangen oder an richtigen Arbeitsplatz deiner Kollegen kommen. Damit diese ihre wichtigen Bauteile haben und ihre Arbeit ungehindert weiterführen können.

 Deine Aufgaben werden sein, Güter richtig auspacken, sie anschließend sortieren und lagern, Güter zusammenstellen, verpacken und diese dann verschicken. Ladelisten und Beladepläne erstellen. Jahresabschlüsse erstellen und Inventuren durchführen. Den Gabelstapler bedienen. Du musst immer einen Überblick haben, über deine gesamten Lagerbestände, den Lieferzeiten deiner Bestellungen. Das hört sich doch nach einer umfangreichen und abwechslungsreichen Arbeit an.

Solltest du die Ausbildung beginnen, solltest du unter Umständen damit rechnen, dass du eine Schichtarbeit machen musst, Arbeiten deine Kollegen in der Werkstatt Schicht, dann kann es ohne weiteres sein, das einer vom Lager auch da sein muss, denn die Mechaniker oder Monteure wollen ungehindert weiter machen können, aber ich denke, das wäre für dich kein Hinderungsgrund für diesen Beruf, denn du willst ja ein gutes Einkommen haben, mit einem Beruf der Spaß macht. Denn du hast den Überblick für die richtigen Teile, die für eine neue Maschine gebraucht werden.

Willst du eine kurze Ausbildung, dann bist du als **Fachkraft für Metalltechnik**, die richtige Frau oder Mann, du brauchst nur zwei Jahre lernen, die meisten anderen Metallberufe haben eine drei oder dreieinhalbjährige Ausbildungszeit. So kannst du schnell Geldverdienen und bekommst viel schneller dein erstes Gehalt, als vielleicht deine Freunde, die auch gerade eine Ausbildung machen.

Das Gute in diesem Beruf ist, das du mit Sicherheit mit einem guten Hauptschulabschluss einen Ausbildungsplatz bekommen kannst, natürlich ist gutes handwerkliches Geschick gefragt.

Du lernst wie bei den anderen Metallberufen, die wichtigsten Zerspanungstechniken, feilen, sägen und genau messen. In deiner Ausbildung kannst du zwischen vier Fachrichtungen wählen, Montagetechnik, Konstruktionstechnik, Zerspanungstechnik und Umform- und Drahttechnik. Wie du siehst, trotzdem ist der Stoff, den du lernen musst, ganz schön vollgepackt. Diese Ausbildung ersetzt elf andere Ausbildungsberufe, also ist dieser Beruf, keine Schande zu erlernen, du bist ein echter Handwerker.

Solltest du aber in deiner Ausbildungzeit bemerken, dass du gerne lernst und du mit diesem Handwerk gut zurechtkommst, kannst du ohne weiteres deine Ausbildungszeit verlängern und Anlagenmechaniker lernen. Das wäre doch eine sichere Sache, du hast in diesem Fall zwei Möglichkeiten.

Natürlich hast du wie in allen anderen Berufen, später weitere Aufstiegsmöglichkeiten. Wie einen Meisterbrief, Techniker und weiter bis zum Ingenieur, was willst du mehr, ich würde es mir gut überlegen, es ist eine gute Chance.

Ein weiterer schöner Handwerksberuf ist **Fertigungsmechaniker/in**, wie in den anderen Metallberufen, hast du auch in diesem Beruf eine sehr ausgeprägte Ausbildung

In diesem Beruf, wird deine Aufgabe sein, aus Einzelteilen etwas Großes bauen. Du wirst in deiner Ausbildung, Werkstücke bearbeiten, durch Feilen, Sägen, Drehen und Fräsen, technische Unterlagen, sowie technische Zeichnungen lesen und danach Bauteile herstellen, dazu wirst du elektrische Leitungen verlegen und prüfen. Montage- und Fertigungsprozesse planen, überwachen und optimieren, Produktionsanlagen einrichten und bedienen. Dazu sollst du Montageabläufe optimieren können.

Natürlich musst du in diesem Beruf ein guter Teamplayer sein, denn du wirst große Maschinen nie alleine zusammenmontieren, natürlich musst du damit rechnen, wenn du ausgelernt hast, dass du mit deiner Maschine mit reist und sie mit deinem Team an Ort und Stelle fertig komplettierst, in Betrieb nimmst und dem Eigentümer übergibst, mit einer genauen Einweisung. Das heißt, dass, dir unter Umständen sehr lange Montagefahrten bevorstehen, du kommst in fremde Städte und Länder, auch mit Schichtarbeiten wird zu rechnen sein. Aber das habe ich schon bei anderen Arbeiten erwähnt.

Gute Aufstiegsmöglichkeiten sind auch genügend vorhanden. Auf jeden Fall, das ist ein Beruf, den man in eine engere Wahl tun kann und sich das noch einmal in Ruhe überlegen sollte, ob das wirklich dein Traumberuf werden könnte.

Einer der beliebtesten Ausbildungsberufe ist der, Industriemechaniker/in. Du hast eine Ausbildungszeit von dreieinhalb Jahren, die gehen schneller vorüber als du denkst. Als **Industriemechaniker/in** bist du Profi von großen Maschinen und Anlagen. In deiner Ausbildung lernst du, wie du dafür die nötigen Bauteile herstellst und sie dann zusammenbaust.

In der Druckmaschinen oder in der Automobilbranche sorgt ein Schaden oder Fehler für ein Chaos und Stillstand, die Produktion kann unter Umständen nicht mehr weitergehen, dann kommst du an die Reihe, du suchst nach dem Fehler, mit deinem Fachwissen findest du den Fehler. Ist ein Teil defekt oder muss es angepasst werden, reparierst du es oder baust es um, du weißt immer, was zu tun ist. Anschließend nimmst du die

Anlage wieder in Betrieb und checkst alles gewissenhaft durch, damit die Anlage reibungslos weiterlaufen kann und die Produktion weitergehen kann.

 Ob Schleifen, Fräsen, Drehen, Bohren, Feilen oder Schweißen, in deiner Ausbildung lernst du alle Techniken der Metallbearbeitung! Und dein Wissen zur Bedienung der Maschinen kannst du nach der Installation der technischen Systeme auch noch Kunden und Kollegen der Firma vermitteln. Du bist der Allrounder in allen Industriebetrieben!

 Das hört sich doch gut an, willst du so ein wichtiger Handwerker in deinem Betrieb sein, du willst unersetzbar sein, du bist für alles mit deinem Team verantwortlich und du kannst behaupten, ohne mich läuft in meinem Betrieb nichts. Aber das kann auch ein Nachteil werden, das du Tag und Nacht für deinen Betrieb da sein musst, wenn es in deinem Betrieb brennt und alles Stillsteht, dann geht mit Sicherheit zu Hause dein Telefon, denn du wirst bestimmt eine Bereitschaft haben und dann musst du schnell ran. Das Gute daran ist, du verdienst dementsprechend gut, wer will das nicht.

 Ich halte ihn für einen nicht ganz einfachen Beruf, **Gießereimechaniker/in**. Trotz starker Hitze musst du immer einen kühlen Kopf bewahren. Du sorgst dafür, dass aus flüssigem Metall Bauteile für große Maschinen, Autos und Anlagen entstehen.

 Diese Ausbildung ist, deswegen nicht einfacher, als andere Fachrichtungen des Metallberufs, du lernst erst wie die Gussformen hergestellt werden, entweder maschinell oder per Hand, den eigentlichen Gussvorgang übernehmen hochmoderne Gießereianlagen, die du dann programmierst und bedienst, nach dem Erkalten trennst du dann die

Rohlinge von der Gussform und prüfst sie auf die Qualität und bereitest sie auf die weitere Verarbeitung vor.

Du lernst mit flüssigen Metall umzugehen, du musst die Eigenschaften der verschiedenen Metalle kennenlernen, den Schmelzpunkt, wann wird zum Beispiel, einfacher Baustahl flüssig, wann hat Aluminium seinen Schmelzpunkt, wie muss ich die einzelnen Metalle behandeln, wie muss ich es abkühlen. Es gibt viel zu lernen und du musst über diese Wärmebehandlung viel wissen, dass du einen guten Stahl herstellen kannst. Du wirst auch die verschiedenen Methoden der Stahlherstellung kennenlernen.

Im dritten Lehrjahr wirst du dich entscheiden müssen, in welcher Fachrichtung du arbeiten willst. Wärmebehandlung ist ein sehr wichtiger, aber ein sehr anspruchsvoller Beruf, ohne Metall läuft überhaupt nichts, ohne dich wird es keine Maschinenteile geben. Ich halte Gießereimechaniker/in als einen sehr schweren Beruf. Ist er vielleicht doch für dich geeignet, er wird auf jeden Fall gut bezahlt, manche Betriebe zahlen in diesen Berufen, gute Zulagen.

Ich will bei der Wärmebehandlung des Stahls bleiben, ich will damit sagen, wie ich es meiner Zeit gelernt habe, es ist die Veredelung des Metalls, härten, anlassen, verzinken, eloxieren, vergüten, brünieren es gibt viele verschiedene Methoden, das Metall zu veredeln. Das wird in diesem Beruf deine Aufgabe, das wirst du in deiner Ausbildung lernen, du bist der Herr des Metalls, du gibst dem Metall die richtige Härte oder die richtige Beschichtung. In der **Galvanik** ist vieles möglich, du wirst lernen, wie viel und was du für diese bestimmten Behandlungen benötigst.

Deine Ausbildung wird sein, du weißt genau, welche Temperatur dein Metall braucht, damit sie diese Festigkeit hat, die vorgeschrieben wird oder damit es richtig verzinkt oder schön verchromt ist. Egal welche Anforderungen für deine Werkstoffe gestellt werden, du bist der Handwerker, der immer einen Rat hat und eine Lösung hat, das Metall wird seinen Anforderungen standhalten.

Du lernst das Prüfen, das nach deiner Behandlung des Metalls, die Vorgaben eingehalten werden und du mit deiner Arbeit zufrieden sein kannst, aber du wirst bestimmt ein guter Handwerker sein und keinen Zweifel daran haben, damit dein Ergebnis stimmt.

Deine Aufgabe in diesem Beruf und in deiner Ausbildung ist genauso wichtig, wie in den anderen Ausbildungen, jeder Beruf hat seine Aufgabe und gehört zu einem großen Bild, das damit zu einem großen Werk gehört und du kannst damit sagen, ich gehöre zu einem Teil zu einem großen Ergebnis und das kann ein Teil zu einer großen Maschine gehören, dass etwas Großes leistet. Ich hatte einmal mit einem guten Team eine Druckmaschine zusammengebaut, die zur größten Zeitungsfirma gehört, da kann man doch stolz darauf sein?

Da wir gerade bei der Galvanik waren, gibt es noch eine Ausbildung zur **Werkstoffprüfung/in**, in diesem Beruf hast du die Entscheidung, ist dieses Material gut geeignet für diese Maschine oder Anlage. Wenn du dich für diese dreieinhalbjährige Ausbildung entscheidest, musst du ein handwerkliches Geschick haben, Spaß beim Prüfen und vor allem musst du ein gutes Auge haben, das geschult wird zu erkennen, ob das ein gutes Material ist.

Der Beruf als Werkstoffprüfer oder Werkstoffprüferin ist sehr verantwortungsvoll, du musst die Eigenschaften von Werkstoffen und deren Einsatz kennen, aber das wirst du alles nach und nach lernen. Dafür wirst du die Werkstoffe prüfen und auswerten, dann musst du entscheiden, ist der Werkstoff für diese Aufgabe geeignet.

Du weißt welche Herstellungsverfahren, dieser Werkstoff durchmacht, wie zum Beispiel: Gießen, Schmieden, Walzen und du kennst, welcher Werkstoff dafür benutzt werden muss und welchen Anforderungen er in der Maschine hat. Dafür verwendest du verschiedene Prüfverfahren an, zum Beispiel, dehnen, drücken und biegen, dabei führst du deine Messungen durch und diese entscheiden, gut oder nicht gut.

Genauso musst du Werkstofffehler erkennen und dessen Ursache herausfinden und bestimmen, du siehst, das ist ein sehr umfangreicher Job und genauso wird deine Ausbildung sein. Du wirst dazu noch ausgebildet, Prüfmaschinen einrichten, benutzen und natürlich noch zu warten, denn du willst immer das Beste und genaueste Ergebnis haben. Deine Kollegen werden es dir immer danken, wenn die Maschine fertig ist und einwandfrei läuft.

Mechatroniker/in ist für dich das Richtige, wenn eine Fachrichtung nicht genug ist, es ist eine sehr umfangreiche Ausbildung, in Metall, Elektronik und Informatik. In dreieinhalb Jahren Ausbildung lernst du alles, was du für die drei Fachrichtungen benötigst und bekommst dafür noch eine gute Ausbildungsvergütung, das hört sich doch gut an.

Deine Tätigkeiten werden sein, mechatronische Systeme bauen, Netzwerke einrichten, Metall verarbeiten und verdrahten. Du musst immer genau wissen, was du tust, du bist der Macher in der Metall- und Elektroindustrie.

Nach deiner Ausbildung bist du überall einsetzbar, als zukünftiger Mechatroniker/in baust du Systeme, die sowohl aus mechanischen als auch aus elektronischen oder informationstechnischen Bauteilen bestehen. Zum Beispiel, Roboter für die industrielle Produktion, Fahrzeuge mit Elektroantrieb und für viele weitere Produktionsteile.

Du kannst Schaltpläne sowie Konstruktionspläne studieren, dann kannst du loslegen. Steuerungen einbauen, Leitungen verdrahten und Metall bearbeiten. Am Ende der Ausbildung kannst du nicht nur Systeme und Geräte zusammenbauen, sondern du kannst auch sehr schnell Fehler finden und natürlich genauso gut beheben. Kunden kannst du die Anlagen und Maschinen erklären und übergeben, die Sicherheitsrichtlinien kennst du im Schlaf.

Das wäre doch eine Ausbildung für dich, drei Berufe in einem, du bist ein Mann für alles, du bist überall einsetzbar.

Natürlich ist eine Metallausbildung eine der Besten und in der Metallbranche hast du immer eine gute Chance eine Arbeitsstelle zu bekommen, aber ich möchte behaupten, das man als Facharbeiter/in und als Fachkraft in jedem anderen Beruf genauso schnell eine Arbeitsstelle bekommt, wenn man Geld verdienen und arbeiten will.

Ich habe in der Metallbranche zwar einige Berufe aufgezählt und etwas erklärt, aber es sind bei weitem nicht alle Ausbildungsplätze, es fehlen noch zum Beispiel, die Installateur Berufe, Gas, Wasser, Rohre, Klimaanlagen und so weiter. Wie ich schon erwähnt habe, es gibt eine Vielzahl von Handwerksberufen.

Gerade in der Metallbranche gibt es viele Firmen, die bringend nach einem tüchtigen Mädchen oder Jungen sucht, vielleicht auch nur mit einem Hauptschulabschluss, ihnen ist wichtig, dass er einen Auszubildenden bekommt und später einen zuverlässigen Facharbeiter hat, der hinlangen kann und es bringt ihm nichts, wenn du nur in der Schule der Beste bist und fachlich zwei linke Hände hast. Auf handwerkliches Geschick legen heute immer mehr Betriebe großen Wert. Alle Ausbildungsberufe, die ich aufgezählt habe, sind mit einem Hauptschulabschluss möglich und viele weitere folgen.

Du brauchst keine Angst haben, wenn du einen Hauptschulabschluss hast, du bekommst einen Ausbildungsplatz und später kannst du immer noch einmal weiter lernen zu deinem Traumberuf, das haben schon viele meiner Kollegen gemacht und geschafft, dann schaffst du das auch, da bin ich mir sicher, du musst nur den Mut dazu haben.

Weil wir gerade bei Metallberufen waren, gehen wir zu den elektrischen und elektronischen Berufen über, die werden in der Metallbranche genauso gebraucht. Natürlich in vielen weiteren anderen Branchen auch, wie zum Beispiel in der Holzbranche, in unserer heutigen Welt geht gar nichts ohne Strom, keine Maschine läuft ohne Strom. Ich glaube, in jeder heutigen größeren

Firma ist ein Elektriker zu finden und wenn er nur die Maschinen und Computer wartet, so hat er doch eine große Aufgabe.

Genau zu diesen Aufgaben komme ich gleich, ein **Industrieelektriker/in,** der in jeder Firma zu finden ist und sich um alles kümmert, das alles läuft. Industriemechaniker kümmern sich in Produktionsbetrieben um Elektroinstallationen aller Art, deine Aufgabe in der Ausbildung wird sein, Leitungen und Anschlüsse verlegen, Anlagen und Geräte montieren, Schaltgeräte verdrahten, das sind nur ein paar Beispiele zu deinen Aufgaben was auf dich zukommen können.

Vielleicht ein gutes an der Ausbildung wäre, diese Ausbildung dauert nur zwei Jahre und du kannst ohne weiteres mit einem Hauptschulabschluss unterkommen. Solltest du in deiner Ausbildung merken, ich kann mehr, kannst du deine Ausbildung um ein Jahr verlängern und als Elektroniker für Gebäude und Infrastruktursysteme oder in andere Elektroberufe eine Prüfung ablegen. Das hört sich doch mal wieder ganz praktisch an und später hast du alle weiteren Möglichkeiten weiter zu machen, alles steht dir offen, du hast eine Vielzahl von Aufstiegsmöglichkeiten. Das würde ich mir an deiner Stelle mal wieder ganz groß vormerken.

Elektroniker/in für Betriebstechnik ist anders, als eine Elektrikerausbildung und die Ausbildung dauert 3,5 Jahre. Elektroniker für Betriebstechnik erweitern beziehungsweise modernisieren elektronische Betriebsanlagen und reparieren sie im Falle einer Störung. Sie programmieren, konfigurieren und prüfen Systeme und Sicherheitseinrichtungen. Sie organisieren die Montage von Anlagen und überwachen die Arbeit von Dienstleistern und anderen Gewerken und weisen die zukünftigen Anwender in die Bedienung ein. Wenn du dabei bist, ist der Kunde mit Sicherheit zufrieden, da bin ich mir sicher.

Technisches Verständnis sowie handwerkliches Geschick sollte der zukünftige Auszubildende mitbringen. Interesse an praktisch-konkreten, aber auch theoretisch-abstrakten Tätigkeiten sind sehr gefragt und du solltest es auch verstehen. Genauigkeit und Sorgfalt und Organisationstalent und bereit zu einer Teamarbeit sind eine Voraussetzung. Natürlich brauchst du zu diesem Beruf eine große Motivation und Leistungsbereitschaft das alles zu schaffen und zu lernen und in der Schule solltest du auch nicht gerade schlecht sein.

Leider sind zu allen Elektroniker Ausbildungsplätzen nur Realschüler gefragt, aber du könntest es in kleineren Betrieben versuchen, da könntest du Glück haben, aber was gewiss auch geht, du machst eine Elektrikerausbildung und lernst weiter und bekommst dann deinen Arbeitsplatz, den du dir immer gewünscht hast und verdienst dann auch das, was du dir vorgestellt hast.

Es gibt noch viele andere Elektroniker Ausbildungen, sowie Maschinen und Antriebstechnik, Information und Systemtechnik, Gebäude- und Infrastruktursysteme und der letzte Beruf Automatisierungstechnik. Auch bei dem Thema Elektriker/in und Elektronikern könnte man immer weiter schreiben. Es gibt auch in diesem Beruf sehr viele verschiedene Ausbildungen und Weiterbildungen, auch hier steht dir der Weg offen, du kannst alles erreichen, wenn du willst.

Kapitel 10

Weitere Möglichkeiten

Wie schon so oft erwähnt, es gibt sehr viele verschiedene Ausbildungsplätze und viele Firmen finden keinen Auszubildenden, es liegt sehr wahrscheinlich daran, das heute kein Schulabgänger/in ein Handwerk erlernen will. Aber ich finde, das ist doch keine Schande, so einen Beruf zu erlernen. Ich finde, das ist ein Beruf wie jeder andere und heute muss man den Job auch nicht mehr ein Leben lang machen, du kannst dich zu jeder Zeit verändern.

Es gibt auch andere Berufe, da ist die Voraussetzung beim Vorstellen, dass du einen erlernten Beruf vorzeigen kannst, ein gutes Beispiel ist die **Feuerwehr** oder das **technische Hilfswerk THW**, hier wird erwünscht, dass du einen guten Handwerksberuf hast. Denn ihre Geräte und Hilfsmittel müssen auch einmal gewartet werden und da solltest du mit anfassen können. Das leuchtet dir doch ein, beim THW oder bei der Feuerwehr hast du dann einen guten und festen Arbeitsplatz. Ein Feuerwehrmann wird immer benötigt, du bist, dann überall wo es brennt und wo schnell Hilfe benötigt wird.

Aber auch bei der **Bundeswehr** wirst du mit einem guten Handwerksberuf mit offenen Armen empfangen, auch hier werden solche Leute gebraucht, ob Frauen oder Männer ein technisches Geschick wird überall benötigt und wie ich weiß, kannst du ohne weiteres bei diesem Arbeitgeber deine Fähigkeiten ohne weiters ausbauen, eine Weiterbildung wird gefördert. Auch bei der Bundeswehr muss alles gewartet werden. Du kannst dich ohne weiteres Mal dort erkundigen, die Angebote, die der Arbeitgeber macht, sind gar nicht so schlecht.

Aber es gibt noch andere Arbeitgeber die einfach einen erlernten Beruf verlangen, um einen Arbeitsplatz bei ihnen zu bekommen. Ich habe mal in der Zeitung gelesen, das eine Kontorist/in gesucht wurde, eine Voraussetzung war, eine abgeschlossene Berufsausbildung, du wirst dann in diesem Beruf angelernt und der Arbeitgeber war, im öffentlichen Dienst.

Das beweist, dass nur eine abgeschlossene Berufsausbildung niemanden schadet, im Gegenteil es kann dir ohne weiteres weitere Türen öffnen, egal in welchen Beruf du die Ausbildung zu Ende gebracht hast, dein Gesellenbrief verliert nie seinen Wert, er kann einmal Gold wert sein und unbezahlbar sein, vergesse das nie. Du bist ein gelernter Handwerker oder eine gelernte Fachkraft und du hast eine harte und gute Ausbildung hinter dir.

Aber ich bin mir sicher, dass es noch weitere solche Arbeitgeber gibt, die einfach nur einen abgeschlossenen Beruf verlangen. Die wollen einfach nur wissen, dass, du die Fähigkeiten besitzt, diese Arbeit oder den Beruf zu erlernen, in dem du deinen Gesellenbrief oder deine abgeschlossene Berufsausbildung vorweisen kannst. So wissen sie, das du fähig bist, diese Tätigkeit richtig zu lernen und auszuführen.

Eine Ausrede die Ausbildung schaffe ich so und so nicht, lasse ich nicht gelten, denn, wenn du deine Hauptschule geschafft hast, dann schaffst du deine Ausbildung auch, es könnte doch sein, das du ein anderes Talent hast, als eine schwierige Rechenaufgabe zu lösen, du hast ein technisches oder künstlerisches Talent und kennst dich besser mit anderen Dingen aus, als mit einer blöden Algebra Rechnung.

Kapitel 11

Nicht so bekannte Berufe

Du willst vielleicht einen künstlerischen Beruf erlernen und einen Beruf, der nicht so bekannt ist, so komme ich auf den **Steinmetz/in** und **Steinbildhauer/in** zurück.

Ob bei der Restauration eines Denkmals, der Herstellung von Grabsteinen oder der Verarbeitung von Bodenplatten, Steinmetze sind die Experten, wenn es um die Bearbeitung von Stein geht. Natur- und Kunststein, Marmor- und Pflasterstein verarbeiten sie im Handumdrehen. Statuen, Brunnen, Denkmälern und Fassaden restaurieren sie fachmännisch. Ebenso bedeutend im Steinmetzgewerbe ist die Anfertigung hochwertiger Grabsteine. Während deiner Ausbildung zum Steinmetz lernst du die verschiedenen Tätigkeitsgebiete kennen. Die dreijährige duale Ausbildung kann in Steinmetz und Grabsteinwerkstätten, in Restaurierungsbetrieben für Fassaden historischer Gebäude stattfinden.

Die ersten beiden Ausbildungsjahre sind gleich, erst im dritten Lehrjahr musst du dich entscheiden, welche Richtung du einschlägst, Steinmetz oder Steinbildhauer. Das wird deine Entscheidung sein. Steinmetz war einer der angesehensten Berufe im Mittelalter und ist einer der ältesten Berufe, wenn man an die Pyramiden in Ägypten denkt. Auch heute noch, ist der Beruf sehr angesehen und verlangt ein sehr großes handwerkliches Geschick und du kannst ohne weiteres mit einem Hauptschulabschluss die Ausbildung machen, aber du solltest körperlich fit sein und handwerklich begabt sein und Unterumständen etwas künstlerisch angehaucht sein. Ich würde sagen, das wäre doch ein sehr schönes Handwerk, vielleicht könntest du auch mal dein eigener Chef werden, überlege es dir gut.

Bürsten/in und Pinselmacher/in, ein seltener Beruf, die Fachrichtung ist Pinselherstellung. Du lernst die verschiedenen Bürsten herzustellen, die aus Tierhaaren, als aus Pflanzen und Kunstfasern herzustellen, für verschiedene Berufe und Arbeiten, werden solche Bürsten und Pinseln immer benötigt. Vom Straßenkehrer bis zum begabten Künstler, der seine Kunstwerke mit einem feinen Pinsel fertigstellen will. Bei Restaurierungsarbeiten einiger Kunstwerke wird nur das beste Werkzeug benötigt und dieses stellst du mit Fingerspitzengefühl her.

Deine Arbeit ist allerdings eine haarige Angelegenheit, du lernst Tierhaare zu bündeln und zu verarbeiten. Allerdings musst du dich entscheiden, für welchen Schwerpunkt du dich entscheiden willst, zur Bürstenherstellung oder zur Pinselherstellung, aber diese Entscheidung musst du erst in deiner dreijährigen Ausbildung erst im letzten Lehrjahr treffen, also brauchst du keine Panik bekommen. Aber das Gute in diesem Beruf ist, es werden alle Schulabschlüsse eingestellt und es ist ein krisensicherer Arbeitsplatz, hochwertige Bürsten und Pinsel werden immer und überall gebraucht.

Entscheidest du dich für den Schwerpunkt Bürstenherstellung, fertigst du Bürsten und Besen aus Naturborsten, pflanzlicher oder synthetischen Fasern an. Dies können Beispielweise Wurzelbesen, Straßenbesen oder Ofenreiniger sein.

Fällt deine Wahl auf den Schwerpunkt Pinselherstellung, arbeitest du auch viel mit Tierhaaren und Borsten, als Material für Aquarellpinsel dienen dir Marder-, Dachs- und Eichhörnchenhaare, für industrielle Pinsel verwendest du Schweineborsten und Rinderhaare.

Das wäre doch auch eine gute Alternative und zum Überlegen, du kannst dir sagen, ich mache eine Ausbildung, die nicht jeder macht. Du siehst, das Handwerk bietet mehr als du wahrscheinlich angenommen hast.

Hufschmied/in, wer denkt schon an diesen Beruf und vor allem zu erlernen. Aber da er zum Handwerk gehört und kaum noch in den Mund genommen wird, werde ich das Thema kurz erwähnen. Diese Ausbildung dauert nur 2,5 Jahre und kann mit einem Hauptschulabschluss gemacht werden. Eine große Tierliebe ist natürlich eine Voraussetzung, du solltest dich mit sensiblen Pferden gut auskennen und das Bewegungsverhalten kennen.

Als Hufschmied verpasst du jedem Pferd das passende Schuhwerk. Ob Rundeisen, Alueisen oder klassisches Hufeisen, du weißt, welches Pferd welchen Beschlag benötigt. Die Ausbildung zum Hufschmied fällt unter die Kategorie Weiterbildung, denn um Hufschmied zu werden, benötigst du eine berufliche Vorbildung in Form einer abgeschlossenen Ausbildung. Zwei Jahre lang begleitest du einen erfahrenen Hufbeschlagschmied und erfährst in einer viermonatigen Fachschulphase alle theoretischen Hintergründe. Hast du die Abschlussprüfung erfolgreich bestanden, steht deiner Laufbahn als Schmied nichts mehr im Weg. Du kannst jetzt einen Kundenstamm aufbauen und dich selbstständig machen oder eine Anstellung, beispielsweise bei einer Tierklinik oder bei einem Gestüt finden. Wieder sind wir bei dem Thema, eine einfache abgeschlossene

Berufsausbildung kann dir ein Türchen öffnen für eine schöne Zukunft.

Der Beruf **Kürschner/in** hört man kaum noch, aber es wird immer reiche Leute geben die einen schönen Pelz tragen. Damit wird es in diesem Beruf immer Ausbildungsplätze geben und der Vorteil ist, du benötigst keinen höheren Schulabschluss, eine Hauptschule reicht vollkommen.

Mit der Ausbildung als Kürschner wirst du zum Azubi für alle Felle. Das ist kein Rechtschreibfehler, sondern das Arbeitsmaterial, mit dem du es zu tun hast. Obwohl der Kürschner einer der ältesten Handwerksberufe ist, wissen immer weniger Menschen, was es damit auf sich hat. Pelznäher gibt schon eher einen Hinweis darauf, was sich hinter diesem Beruf verbirgt: Du verarbeitest jede Art von Felle, und hältst die Pelzindustrie auf Trab. Als Azubi solltest du handwerkliche Begabung und Kreativität in dir vereinen. Denn du musst dein vorliegendes Material nicht nur ausbessern und zusammennähen, sondern auch Modetrends umsetzten können. Bei den Aufgaben, die das Kürschner Handwerk mit sich bringt, schadet es keineswegs, wenn auch du ein dickes Fell hast –besonders in der Hauptsaison, wenn ein Mantel nach dem anderen hergestellt wird, ist Fleißarbeit gefragt.

Du wirst nicht nur neue Pelze bearbeiten, sondern auch Pelze oder Felle um nähen, denn die Modetrends ändern sich immer wieder und manche Kunden wollen den Trend nicht verschlafen und sich laufend anpassen. Dein handwerkliches Geschick und die Kreativität sind immer gefragt, du musst deine Kunden richtig beraten können.

In einer dreijährigen Ausbildung lernst du diesen edlen und seltenen Beruf und du kannst sagen, ich bin stolz auf meinen Beruf, denn unter meinen Fingern sind jeden Tag die edelsten Felle, die nicht jeder kaufen kann. Vielleicht baust du dir einen großen Kundestamm auf und kannst dich Selbstständig machen.

Da wir beim Thema Felle waren, komme ich zum nächsten Ausbildungsberuf **Gerber/in** auch dieser benötigt nur einen Hauptschulabschluss und hat genauso eine dreijährige Ausbildungszeit.

Deine echte Lederjacke im Schrank ist dir wichtig und auch an deinen Füßen magst du es gerne hochwertig? Kein Wunder, denn echtes Leder ist nicht nur bei eingefleischten Fans beliebt. Aber wie es hergestellt wird und welche Arbeitsschritte dafür nötig sind, das wissen die wenigsten, sie kennen nicht einmal den Beruf. Der Beruf ist besonders traditionsreich und geht eigentlich bis zur Steinzeit zurück. In deiner Ausbildung zur Fachkraft für Lederherstellung und Gerbereitechnik, lernst du alle Prozesse und Maschinen kennen, um aus einer Tierhaut das edle Material herzustellen. Und weil das nicht nur Köpfchen, sondern auch mit Körpereinsatz gefertigt wird, solltest du fit sein.

Jedes hochwertige Leder, von Kalbs, Rind, Schwein, Ziege und andere Lederarten, sie werden meistens von Landwirtschaftsprodukten verwendet, darum sollten dich diese Gerüche nicht stören. Überall in deinem täglichen Leben findest du das gegerbte Leder, von der Handtasche, Autositze und der Ledercouch. Ein echtes Naturprodukt, du wirst lernen, welches Leder, für welches Produkt geeignet ist und wie es behandelt werden muss. Darum solltest du in deiner Ausbildung hochwertiges Leder schätzen und gut Kopfrechnen können, topfit sein, ein guter Teamplayer und ein handwerkliches Geschick besitzen. Das wäre doch auch eine gute Alternative, wenn du diesen Beruf erlernt hast, gibt es viele Möglichkeiten aus deinem Lederberuf etwas anderes zu machen, denn du besitzt die Grundkenntnisse, ein Beispiel: „Mode." Vielleicht kannst du einmal dein eigener Boss sein, das wäre doch schön.

Stuckateur/in ist auch ein guter Ausbildungsberuf und das ist mit einem Hauptschulabschluss erreichbar, überall wo Häuser gebaut werden findest du diese Betriebe und auch hier wird deine Arbeitskraft gebraucht. In diesem Ausbildungsberuf verdienst du vom ersten Lehrjahr ab sehr gut und verdienst im dritten Lehrjahr fast so viel, als deine Freunde, wenn sie ausgelernt haben.

Wenn du meinst, auf dem Bau kannst du keine Karriere machen, dann täuschst du dich, du kannst dich hocharbeiten bis zum Werkspolier oder du machst dich Selbstständig.

Aber zurück zu deiner Ausbildung. Als Stuckateur/in erlernst du einen vielseitigen Beruf im Ausbau. Du gestaltest Innen- und Außenfassaden und kreierst wahre Unikate. Dabei verschönerst du nicht nur, sondern hilfst durch moderne Techniken, Energie einzusparen. Früher hätte man gesagt, du verputzt die Außen und Innenwände der Häuser und Wohnungen.

Ein guter handwerklicher Beruf, der ein wenig Fitness braucht, jemand, der gut hinlangen kann, natürlich ein guter Teamplayer ist und sich nicht zu schade ist, wenn deine Arbeitskraft länger gebraucht wird, dass noch ein paar Stunden länger gearbeitet wird. Eine Frau oder Mann, der vorhat sich einmal ein Häuschen zu bauen, ist beim Bau gut aufgehoben und kennt viele Freunde, die dann später mit Rat und Tat, bei deinem Vorhaben zur Seite stehen. Überlege es dir gut, einen Beruf auf dem Bau zu erlernen bietet gutes Geld und viele Möglichkeiten, etwas daraus zu machen, es liegt an dir, welchen Ausbildungsberuf du wählst.

 Einen etwas anderen Bauberuf nehmen wir noch mit, eine Ausbildung zum **Rohrleitungsbauer/in**, das ist auch eine gute, solide Ausbildung, du hast deinen Hauptschulabschluss geschafft, das ist doch super, dann kannst du gleich diese Ausbildung anfangen und verdienst auch in dieser Ausbildung schon gutes Geld und deine Aufstiegschancen sind die gleichen wie als Stuckateur. In einem gutem Handwerk kann man immer weiter kommen. Schade das kaum ein Mensch, mehr von diesem schönen Handwerk mehr redet, dadurch ist dieser Beruf ein wenig in Vergessenheit geraden. Aber jeder Mensch benützt seine Arbeit gleich in der Frühe nach dem Aufstehen, wenn er den Wasserhahn aufdreht und auf die Toilette muss, wer hat wohl diese Leitungen verlegt, der Rohrleitungsbauer, ein guter Facharbeiter.

 Als Rohrleitungsbauer verlegst du kilometerweit Rohre. Nach und nach erbaust du so ein riesiges Rohrleitungssystem, um täglich Millionen Menschen mit Wasser, Gas und Fernwärme zu versorgen. In den meisten Betrieben wirst du vom ersten Tag an auf Baustellen mitgenommen und eingewiesen, damit du lernst, was dich im richtigen Arbeitsleben erwartet, dementsprechend wirst du auch bezahlt, damit du dir auch am Abend und am Wochenende etwas leisten kannst. So lernst du auch schneller, wie auf dem Bau die Rohrleitungen verlegt werden, du lernst wie sie geschnitten, gebogen und abgedichtet werden. Bei Gasleitungen wirst du große Sorgfalt walten lassen, aber das lernst du in deiner dreijährigen Ausbildung.

Deine Anforderungen werden sein, das du auch körperlich fit bist, keine Scheu hast bei Wind und Wetter zu arbeiten, ein guter Teamplayer bist und das auf dich immer verlass ist, dann bist du auf dieser Baustelle willkommen.

Jetzt schreibe ich von einem ganz anderen Handwerk, indem du vielleicht deine dreijährige Ausbildung mit einem Hauptschulabschluss beginnen kannst. Seile machen, der Beruf nennt sich ganz einfach **Seiler/in,** hast du sehr wahrscheinlich noch nie gehört. Gute feste Seile werden überall benötigt, öfter als du glaubst. An einem Industriekran, als Anschlag zum Anhängen, Segelschiffe, Bergsteigen und als Lasso.

In deiner Lehrzeit lernst du Seile flechten, Netze knüpfen und die vielen Maschinen zu bedienen. Das Prüfen der Festigkeit der Seile, die Vielfalt der verschiedenen Materialien der Seile, es gibt Kunststoffseile, Drahtseile, Naturfaserseile, zu welchen Seilen die bestimmten Werkstoffe verwendet werden und mit welcher Verantwortung gearbeitet werden muss. Kannst du dir vorstellen, wenn mitten im Berg einem Bergsteiger ein Seil reißt, wenn an einem Kran ein Anschlagseil reißt und ein tonnenschweres Werkstück fällt herunter, was dann los ist, es gibt unter Umständen tote Menschen und dass, so etwas nicht vorkommen kann, machst du eine Ausbildung und du weißt ganz genau, auf was es ankommt, damit diese Seile halten. Nach deiner Ausbildung kannst du sagen, die Seile, die durch meine Hand gegangen sind, die halten ihr versprechen und sind die beste Qualität und mein Arbeitgeber kann sich auf mich verlassen.

In dieser Branche kannst du dich unendlich weiterbilden, die beliebteste Weiterbildung ist wie überall die Meisterausbildung, dann kannst du dich natürlich auch als Techniker ausbilden lassen, was zwei bis vier Jahre dauern kann, Textiltechniker, es geht um die verschieden Textilien und Fasern, mit denen du die Seile herstellst. Dein Wissensdurst rund um all die Materialien, aus denen du sie seit Jahren Seile herstellst, ist noch lange nicht gestillt? Warum dann nicht noch ein Studium dranhängen? Das ist nur was für Abiturienten? Von wegen, gerade im handwerklichen Bereich kannst du auch ohne Abi studieren. Meistens brauchst du dann den Meistertitel, die genauen Voraussetzungen checkst du aber am besten bei der Uni deiner Wahl, denn sie unterscheiden sich von Bundesland zu Bundesland und von Hochschule zu Hochschule. Fächer, die zu dir passen können, sind zum Beispiel Textiltechnik oder Werkstoffwissenschaft. Oder noch besser, du machst dich Selbstständig. In diesem Beruf stehen dir alle Türen offen, nutze sie.

Ich kenne noch eine sehr seltene Ausbildung, **Drahtzieher/in**, diesen Beruf kannst du in 2 Jahren lernen und das mit einer guten Vergütung. Das ist doch nicht schlecht.

Maschendraht, Stromkabel, Kupferkabel, viele Dinge aus dem Alltag und in der Industrie benötigen Kabel und Drähte aus Metall, sorgen für Stabilität oder wegen ihrer Leiteigenschaften für Strom. Nach einer Ausbildung zum Drahtzieher bist du dafür verantwortlich, diese Drähte und Kabel herzustellen und zu bestücken. Der gesamte Produktionsprozess steht allerdings unter deiner Obhut. In deiner Schicht wartest du die dafür notwendigen Maschinen, bereitest die Produktion vor und kontrollierst diese, prüfst die Qualität deiner Erzeugnisse und besserst sie im Bedarfsfall mit Chemikalien aus. Am Ende geht dein Draht auf die Reise zur Weiterverarbeitung.

Du solltest gute handwerkliche Fähigkeiten besitzen und bereit zur Schichtarbeit sein. Du solltest gerne mit Metall und Chemie arbeiten, das du bestimmt spannend findest. Körperliche Arbeit und Lärm sollten dir allerdings nichts ausmachen. Dafür bekommst du auch eine gute Vergütung.

Eine Weiterbildung, wie es im Handwerk üblich ist, steht dir nach wie vor offen, nur das du auch in die Umformtechnik oder in den Maschinenbau einsteigen kannst, das ist auch möglich, das erhöht allerdings deinen Marktwert um einiges. Du kannst wie üblich dich weiterbilden, bis zum Fachstudium. Also los geht's.

Ich könnte im Handwerk noch unendlich weitere Ausbildungsberufe aufzählen, so komme ich zu einem sehr alten Ausbildungsberuf **Sattler/in**.

Pferderücken, Lenkrad oder Flugzeug, überall wird der Sattler gebraucht. Denn was wäre der Reiter ohne Sattel, ein Auto ohne Sitze oder ein Urlauber ohne Koffer? Die Ausbildung zum Sattler wird mit drei verschiedenen Schwerpunkten angeboten, dem Schwerpunkt Reitsportsattlerei, dem Schwerpunkt Feintäschnerei und dem Schwerpunkt Fahrzeugsattlerei. Egal, also ob dein Herz für Pferde, Autos oder Taschen schlägt, als Sattler kannst du deiner Neigung folgen. Um Sattler werden zu können, benötigst du jede Menge Fingerspitzengefühl, denn du arbeitest traditionell mit Schere, Nähzeug und Schablone und fertigst vor allem Maßsättel und Trensen an und gehst dabei auf individuelle Kundenwünsche ein.

Wenn du schon immer gerne mit Stoffe, Schere und Faden umgehen willst und umgehen kannst, sorgfältig und kreativ bist, gut auf Kundewünsche eingehen kannst, immer eine Abwechslung im Alltag benötigst, gerne mit tierischen Materialien arbeitest, dann bist du goldrichtig in diesem Beruf.

In diesem Beruf wird es dir sehr einfach gemacht, weiter zu kommen, du benötigst nicht einmal einen Meisterbrief, um dich Selbstständig zu machen. Du kannst ohne weiteres deinen Fachladen aufmachen und deine eigenen kreativen Produkte verkaufen und anfertigen. Du kannst auch sehr wertvolle Lederprodukte restaurieren, reparieren und anpassen. Das hört sich doch sehr gut an, vielleicht ist es ein Traum von dir, so einen Werdegang zu beginnen.

Ein weiterer seltener Beruf ist **Schuhmacher/in**, früher hatte man zu diesem Beruf Schuster gesagt. Alles was du brauchst, ist ein Hauptschulabschluss, dann beginnt eine drei jährige Ausbildung.

Die meisten Schuhe werden heutzutage industriell in Massenproduktion hergestellt. Wenn aber ein Schuh geflickt, verändert oder ein außergewöhnliches Sonderexemplar angefertigt werden muss, dann ist immer noch Handarbeit gefragt, deine Aufgabe als Schuhmacher! In diesem traditionellen Handwerksberuf besserst du mit allerhand Werkzeugen und Maschinen unbequeme Schuhe aus, fertigst hochwertige Einzelstücke an und weißt auch, was bei Fußfehlstellungen oder Gehfehlern am besten an den Füßen zu tragen ist. Leder, Gummi, Nadel und Faden, mit dieser Ausbildung wird ein Schuh draus! Auch hochwertige orthopädische Schuhe kannst du herstellen, einen guten Schuh, der handwerklich hergestellt wurde, kann man viel länger tragen, als industriell gefertigte. Das habe ich selbst

erlebt, ich hatte davon welche und ich trug sie über viele
Jahre, selbst als sie nicht mehr so gut anzusehen waren,
laufen konnte ich am besten mit ihnen, ich wollte sie nicht
hergeben, aber meine damalige Frau warf sie einfach weg,
ich trauerte innen sehr lange nach. Es ist ein Beruf, den noch
viele Menschen brauchen, wenn sie eine Behinderung am
Fuß haben oder großen Wert auf gute Schuhe legen. Den du
kannst die Kunden beraten, auf ihre Wünsche eingehen und
diese Schuhe auch herstellen, wenn sie drücken nach
arbeiten, wenn es sein muss auch reparieren und restaurieren.
Alles was der Kunde will und braucht.

Die Weiterbildung ist natürlich genauso einfach, wie es so
im Handwerk üblich ist, eine weitere Schulung zum
Orthopädieschuhmacher ist zu empfehlen und nach einer
Meisterausbildung kannst du deinen eigenen Betrieb
aufmachen, ist das nicht ein Traum, denn gerade Frauen sind
sehr großzügig bei einem Kauf von Schuhen.

Jetzt komme ich zu einem ganz anderen Beruf, hier kannst
du genauso deine Ausbildung mit einem Hauptschulabschluss
antreten, **Büchsenmacher/in**, das ist doch mal ganz was
anderes. Allerdings um den Beruf richtig ausüben zu können,
musst du eine drei jährige Ausbildung hinter dir bringen, aber
das ist bei den meisten Berufen im Handwerk so üblich.

Der Beruf des/der Büchsenmachers/in erfordert neben
handwerklichem Geschick auch jede Menge
Verantwortungsbewusstsein. Schließlich dreht sich bei dieser
Tätigkeit alles um die Produktion von Schusswaffen und die
Arbeit im Waffenfachhandel.

Egal ob Flinten, Luftgewehre, Kleinkalibergewehre oder Pistolen, egal ob für Jäger oder Sportschützen, du bist der Experte für die verschiedensten Schusswaffen. Du verfügst nach der Ausbildung über das Wissen traditioneller Techniken des Waffenbaus und kannst aber auch andererseits mit computergesteuerten Maschinen fertigen. Trotz neuer technischer Möglichkeiten musst du nach wie vor über Sorgfalt und Präzision verfügen, um die feinmechanischen Arbeitsschritte bei der Montage der Waffen umsetzen zu können. Feilen, schleifen, bohren und löten von Blechen und Rohren, sowie das Montieren von Bauteilen aus Metall, Holz und Kunststoff sind die Schritte auf dem Weg zur funktionsfähigen Schusswaffe. Auch die Restaurierung von historischen Gewehren gehört zu den Aufgaben des/der Büchsenmachers/Büchsenmacherin.

Zusätzlich zur handwerklichen Seite der Arbeit gilt es waffenrechtliche Bestimmungen zu beachten und anzuwenden. Schusswaffen sind in Hinblick auf Erwerb, Besitz, Führung, Transport, Aufbewahrung, Überlassung und Herstellung ein brisantes Thema. Hier gilt es alle Bestimmungen zu kennen und auf ihre Einhaltung zu achten, damit Gewehre und Pistolen nicht in die falschen Hände gelangen. Somit hast du auch eine große Verantwortung, aber das würde dir doch keine Sorgen bereiten, du lernst einen schönen seltenen Beruf, ich denke, du wärst mit Sicherheit der King unter deinen Freunden und du hast alle üblichen Weiterbildungsmöglichkeiten, die im Handwerk üblich sind, gerade der Handwerksmeister bietet sich an. Aber das ist deine Entscheidung.

Eine ganz andere Sache ist der Beruf **Buchbinder/in,** mit einem Hauptschulabschluss, hast du die Möglichkeit diese drei jährige Ausbildung zu bekommen. Dann kannst du dich mächtig freuen, denn du hast einen sehr guten Beruf in Aussicht.

Wie viele Bücher hast du im Regal stehen? Wie viele davon haben ein Hard Cover? Wie viele sind geklebt und welche haben einen Ledereinband? Falls die Summe schon im dreistelligen Bereich landet, solltest du über eine Ausbildung zum Buchbinder nachdenken. Büchern und Druckerzeugnissen den letzten Schliff verleihen und den passenden Umschlag geben, ist das Tagesgeschäft des Buchbinders. Dafür erlernt er in seiner Ausbildung alles zum Berechnen der Maße des gewählten Umschlags bis zur Entscheidung über die angemessene Bindungsart. Je nach Werkstatt werden Großaufträge, kleinere Auflagen oder Einzelstücke bearbeitet. Während der Bindung bedienst du unterschiedlichste Maschinen und führst einige Arbeitsschritte auch direkt von Hand durch. Letzteres ist vor allem angesagt, wenn du beschädigte Bücher oder sogar Antiquariate ausbesserst und reparierst. Mit der Fachrichtung Einzel- und Sonderfertigung wirst du stark kundenorientiert arbeiten, um einzelne Bücher gemäß deren Wünschen und Vorstellungen fertigzustellen oder zu reparieren. Buchbinder arbeiten dabei häufig für Bibliotheken, um alte Bücher instand zu halten oder Loseblattsammlungen und Magazine fürs Archiv zusammenzubinden. Das könnte dich doch schwer interessieren, dieser Beruf ist auch nicht alltäglich und du bekommst es sehr wahrscheinlich mit sehr interessanten Bücher zu tun und auch mit sehr alten Schinken.

Dieser Beruf ist für dich geeignet, wenn du gerne eigenständig arbeitest, gerne Bücher in die Hand nimmst und sie für dich immer aktuell bleiben, du handwerklich arbeiten willst und gerne Maschinen bedienen willst, Kunden beraten kannst und gerne auf ihre Wünsche eingehen kannst.

Eine ganz breite Weiterbildungspalette steht dir in diesem Beruf offen. Du kannst, je nach Fachrichtung, Angestellter in der Industrie (Serie) oder im Handwerk (Einzel- und Sonderfertigung) werden oder eine der Weiterbildungsmöglichkeiten nutzen, um beruflich aufzusteigen, Buchbindermeister, geprüfter Industriemeister, Fachrichtung Print- und Digitalmedien, Selbstständigkeit, Medienfachwirt, Restaurator, bis zum Studium kannst du einfach weitermachen, alles ist hier möglich, ich rate dir, nutze es.

Kerzenhersteller /in und Wachszieher/in ist auch eine sehr schöner kreativer Ausbildungsberuf, du hast eine drei jährige Ausbildung und alles ist mit einem Hauptschulabschluss möglich, dazu gibt es sehr gute Weiterbildungsmöglichkeiten. Na, ist das nicht super.

Wenn du den Beruf wählst, gehörst du definitiv zu den Exoten unter den Azubis, denn jedes Jahr starten nur wenige Gleichgesinnte ihre Ausbildung als Kerzenhersteller/in und Wachsbildner/in. Trotzdem ist dein zukünftiger Beruf eine kleine Kunst für sich und du hast den Vorteil, dass du in einer kleinen Gruppe perfekt auf deinen späteren Beruf vorbereitet wirst. Dabei sind der Ablauf deiner Ausbildung und auch dein Gehalt ganz klar geregelt. Du musst später ganz bestimmt nicht jeden Cent umdrehen oder befürchten, dein Haus nur mit Kerzenlicht beleuchten zu müssen, der Beruf wird nicht so schlecht bezahlt, wie du annimmst, sogar besser als mancher anderer Beruf. Erkundige dich selbst, du wirst überrascht sein.

Meistens sind die Firmen Tarifgebunden und so ein Tarifvertrag ist eine feine Sache, das heißt aber nicht, dass regelmäßige Gehaltserhöhungen schon das Ende der Fahnenstange bedeuten. Denn mit viel Einsatz und den richtigen Weiterbildungen kannst du die Karriereleiter noch ein Stückchen weiter hinaufklettern. Werde doch einfach Wachszieher Meister und übernimm die Leitung einer Produktionsstätte. Unrealistisch? Im Gegenteil! Da sich nur wenige Personen für eine Wachsbildner-Ausbildung entscheiden, hast du tolle Chancen, dich schnell weiterzuentwickeln und aus der kleinen Masse herauszustechen. Als Meister liegt dein Gehalt zwischen 3500 und 4500 Euro brutto im Monat, es sind noch weitere Aufstiegsmöglichkeiten vorhanden, ist das nicht toll, also ich würde mich erkundigen und vielleicht gleich loslegen.

Edelsteinfasser/in ist ein Beruf, den du mit einem Hauptschulabschluss lernen kannst, in einer dreieinhalb jährigen Ausbildung.

Ob Diamanten, Rubine oder Smaragde, funkelnde Edelsteine haben dich schon immer fasziniert? Du begeisterst dich für ihre Farben, ihre Brillanz und ihre Seltenheit? Wenn du jeden Tag mit den wertvollen Steinen hantieren und diese zu Schmuck verarbeiten willst, ist der Beruf des Edelsteinfassers/in eine Überlegung wert!

Auf deinem Arbeitstisch landen in der Regel bereits fertig geschliffene, funkelnde Edelsteine. Deine Aufgabe als Edelsteinfasser ist es nun, den Diamant, Saphir, Smaragd oder Rubine richtig zur Geltung zu bringen. Du stellst daher eine Fassung für den Stein her, damit er seine Wirkung voll entfalten kann. Dabei musst du Fingerfertigkeit und große Sorgfalt beweisen, denn die Steine sind meist sehr klein. Vor allem kleine Exemplare werden in größeren Flächen angeordnet, um gemeinsam in einem Armband, Kette oder einem Ring zu erstrahlen.

Im Vorfeld eine Skizze erstellen, das fordert ein zeichnerisches Talent! Auch musst du wissen, wie du deine Arbeitsgeräte richtig einsetzt, dazu gehören Feilen, Sägen oder Polierscheiben. Da du oftmals spezielle Kundenwünsche umsetzen musst, ist auch die Beratung Teil deiner Aufgaben. Der Beruf des Edelsteinfassers ist also ausgesprochen vielseitig! Das Einstiegsgehalt ist nicht schlecht. Natürlich gibt es die üblichen Weiterbildungsmöglichkeiten, als Gold und Silberschmiedemeister, Studium Schmuckdesign hast du die optimalen Voraussetzungen, echt gutes Geld zu verdienen und dich Selbstständig zu machen. Auch kannst du die Ausbildung eines **Edelsteingraveurs/in, Edelsteinschleifer/in, Silberschmied/in** anschauen.

Modist/in ist genauso ein Beruf, der mit einem Hauptschulabschluss zu erreichen. Du hast eine sehr kreative drei jährige Ausbildung vor dir. Du solltest schon ein wenig Fit sein, um mit den Maschinen umzugehen können und ein handwerkliches Geschick mitbringen, am besten mit Nadel und Faden. Eine Skizze anfertigen ist eine Voraussetzung, bevor du dein Vorhaben beginnst, in dem Sinn solltest du auch ein zeichnerisches Talent besitzen.

Wenn andere ihren Filzhut in ihrem Lieblingsgeschäft kaufen, kannst du deinen eigenen Hut herstellen, nach deinen Vorstellungen. Das kann nicht jeder. Du lernst in vielen Schritten die Herstellung von Hüten und Mützen, die verschiedenen Materialien, die Steifungsmitteln und wie die Hüte mit einer Dampfglocke die endgültige Steife erlangen. Du solltest auch gut Kunden beraten können und auf ihre Wünsche eingehen können.

Eine Weiterbildung ist immer nützlich, Meister/in im Modisten Handwerk kann ich mir gut vorstellen, das du das einmal machen möchtest, mit Sicherheit willst du deine eigenen kreativen Werke an die Frau oder Mann bringen. Eine andere Möglichkeit ist Techniker in der Modebranche und Studium, Modedesign.

Textil- und Modeschneiderin ist ein Beruf, den man bis ins Mittelalter zurückverfolgen kann, Bekleidung gibt es schon sehr lange. In einer drei jährigen Ausbildung und mit einem Hauptschulabschluss kannst du dich an diese Ausbildung heranmachen. Wenn andere ihre Bekleidung in ihrem Lieblingsladen kaufen, kannst du deine eigene Kreation schneidern und deine Freundinnen oder Freunde vor Neid erblassen lassen.

Natürlich musst du als Modeschneiderin ein Gespür dafür haben, was in der kommenden Saison angesagt ist. Bevor du also selbst die Schere ansetzt oder Industrienähmaschinen die Nadeln wetzen, fertigst du in Ateliers von Modefirmen anhand ihrer Vorlagen Modelle an. Die gewünschten Stoffe werden dann eingekauft und verarbeitet. Dabei arbeitest du nicht nur mit Baumwolle, sondern auch mit Leder oder Seide. Wenn ein Unternehmen dich damit beauftragt, mit einem Modell in Serie zu gehen, fertigst du zunächst Entwürfe am Bildschirm an. Die Schnittmuster werden dann auf die Stoffe übertragen und mithilfe von Zuschneidemaschinen, Nähmaschinen oder per Hand umgesetzt. Wenn das Modell fertig ist und der Kunde mit der Qualität und dem Aussehen zufrieden ist, kann es in die Serienfertigung aufgenommen und produziert werden.

Du musst immer Wissen was, in der Mode angesagt ist, du musst immer selbst mit der Mode gehen, du musst die Mode lieben. Du solltest ein Gespür für deine Kunden haben und gut beraten können und deine modischen Stücke anpreisen und an den Kunden bringen können, dann bist du die oder der für diesen Beruf.

Die Weiterbildung ist die gleiche, wie in anderen handwerklichen Berufen, natürlich wirst du in diesem Beruf, den Industriemeister in Fachrichtung im Auge haben, denn wer will nicht in der Modebranche seine eigenen Produkte verkaufen, Techniker und Studium ist natürlich auch noch möglich. Natürlich kannst du dir noch die Berufe **Modedesigner/in, Änderungsschneider/in, Maßschneider/in, Textil und Modenäher/in, Designer/in** anschauen. Wie du siehst, auch in der Modebranche ist vieles Möglich und du kannst viel erreichen, wenn du willst.

Ich kann es nicht lassen, da wir gerade bei Stoffen sind, gibt es da noch einen ganz seltenen Beruf, den du noch nie gehört hast, **Segelmacher/in** und diese Ausbildung ist auch mit einem Hauptschulabschluss möglich.

Der Wind weht, das Wasser spritzt, Salz liegt in der Luft. Den vollen Spaß hat man beim Segeln aber nur dann, wenn auch die Ausrüstung stimmt. Und in der Ausbildung als Segelmacher dreht sich alles um das Herzstück des Segelbootes, das Segel. Das gibt's nämlich nicht von der Stange, sondern wird von dir individuell angefertigt, gereinigt oder ausgebessert. Ebenso in deinem Programm als Segelmacher: die Herstellung von Planen, Markisen, Verdecken und Zelten. Mitbringen musst du viel handwerkliches Geschick, räumliches Vorstellungsvermögen und Mathekenntnisse, um die Flächen zu berechnen. Schlägt dein Herz selbst auch für das Segeln und bist du regelmäßig auf den sieben Weltmeeren zu finden, ist das ein großer Vorteil. Denn die dreijährige Ausbildung findet nicht nur in der Werkstatt, sondern auch auf Booten und Schiffen statt. Ausbildungsplätze findest du sehr wahrscheinlich vor allem an den Küsten oder in der Nähe großer Seen und Gewässern. Aber das könnte unter Umständen für dich kein Hinderungsgrund sein.

Eine Weiterbildung ist wie immer möglich, Segelmachermeister, vielleicht hast du eine Idee, wo du einmal dein Geschäft oder Firma aufmachen willst, natürlich kannst du einen Techniker oder ein Studium machen.

Eine andere alternative für eine handwerkliche Ausbildung wäre **Ofen- und Luftheizungsbauer/in,** es ist ein nicht ganz alltäglicher Beruf, wenn du nach einer Tätigkeit suchst, die nicht jeder macht, ist es genau das Richtige für dich.

Wenn es draußen eiskalt ist und der Schnee vom Himmel fällt, bist du mehr als froh, dass du auf dem Sofa im warmen Wohnzimmer liegen darfst. Ist es dir immer noch zu kalt, drehst du die Heizung einfach ein bisschen höher oder setzt dich vor den Kamin. Aber wer sorgt eigentlich dafür, dass niemand in seiner Wohnung frieren muss? Natürlich der Ofen- und Luftheizungsbauer! Egal ob in Neubauten oder alten Wohnungen, er plant, erstellt, montiert und installiert Heizanlagen und Öfen. Und da es dank Klimawandel immer mehr Vorschriften gibt, hast du mit der Ausbildung zum Ofen- und Luftheizungsbauer auf jeden Fall rosige Zukunftsaussichten! Du weißt genau, welcher Ofen in welches Haus und Wohnung gehört, damit es in Zukunft keine Schwierigkeiten gibt. Ob Altbau oder Neubau, du hast immer den richtigen Rat für den Kunden.

Kundenkontakt ist einer der wichtigsten Bereiche in diesem Job und auch bereits während deiner Ausbildung. Nach den Wünschen der Kunden baust du nämlich die jeweiligen Kamine, Öfen oder Heizanlagen ein. Ein Beispiel: Du verschaffst dir einen Überblick über das Haus oder Wohnung und die dazu gehörigen Räume. In der Werkstatt planst und baust du dann den Kamin, den sich die Familie für ihr neues Wohnzimmer gewünscht hat. Anhand von Bau- und Montagezeichnungen, die du im Büro anfertigst, berechnest du die Wärmeleistung und wählst daraufhin die einzelnen Bauteile für die Anlage aus.

In deiner dreijährigen Ausbildung lernst du alles, was du für diesen Beruf brauchst, damit du deine Kunden zufriedenstellen kannst und sie im Winter ihre Räume warm haben, dazu brauchst du nur einen Hauptschulabschluss.

Als Karrierepfad hast du gute Chancen weiter zukommen. Du kannst natürlich einen Meisterbrief machen, aber du kannst dich auch als Fachkaufmann ausbilden lassen und nur noch die Kunden beraten, das wäre doch eine gute Alternative. Weitermachen kannst du natürlich, bis du ein Studium hast.

Zur Alternative kannst du dir den Beruf
Anlagenmechaniker/in–Sanitär–Heizungs- und Klimatechnik anschauen. Dieser Beruf ist auch mit einem Hauptschulabschluss möglich. In diesem Beruf bist du sogar für kalt und warm zuständig.

„**Schornsteinfeger/in** möcht ich werden, ist der schönste Beruf auf Erden" – wenn auch du dieses Lied in deiner Kindheit immer und immer wieder gesungen hast, dann solltest du deinen Traum wahr werden lassen. Sie sind bekannt als die schwarzen Männer mit Zylinder auf dem Kopf und wenn man einen ihrer Knöpfe berührt, dann bringen sie Glück. Möchtest auch du ein Glücksbringer sein? Mit der Ausbildung zum Schornsteinfeger bist du für alle Heizungs-, Abgas- und Lüftungsanlagen zuständig. Du sorgst dafür, dass alles nach bau- und umweltschutzrechtlichen Vorgaben errichtet und angebracht ist. Zudem reinigst du Feuerungsanlagen und entfernst Ablagerungen aus Lüftungsanlagen, damit es im Haus auch immer schön warm bleibt. Du berätst aber auch die Kunden und zeigst ihnen Möglichkeiten auf, wie sie effizienter Energie verbrauchen können und was sie zum Thema Brandschutz und auch Klimaschutz tun können. Alles in einem bist du einfach ein sehr netter Mensch, der gerne gesehen ist. Na, schon Glücksgefühle?

In deiner Ausbildung zum Schornsteinfeger lernst du alle Seiten des Berufes genauestens kennen. Vom Prüfen und Kontrollieren über Kehren und Reinigen bis hin zur Kundenberatung. Für gewöhnlich kennt man den Schornsteinfeger bloß als denjenigen, der in Schornsteine kriecht und dort völlig verschmutzt wieder herauskommt. In deiner Ausbildung gehört allerdings mehr dazu. Du hast es mit zahlreichen Anlagen rund ums Feuern, Heizen und

Lüften zu tun, angefangen beim Schornstein bis hin zu
Lüftungsanlagen, Feuerungsanlagen wie Gas- und
Ölheizungen, aber auch Feuerstätten wie Kamine. Und du
hältst dich auch nicht nur auf dem Dach auf. Als
Schornsteinfeger bist du überall unterwegs. In Kellerräumen,
auf dem Dach, in Wohnungen, aber auch in Großküchen
überprüfst du, dass alles funktioniert und vor allem sicher
läuft. Denn Sicherheit ist besonders bei Feuerungsanlagen
höchste Priorität. Wenn du Mängel feststellst, musst du den
Kunden sofort darüber informieren, sodass gegebenenfalls
eine Reparatur vorgenommen werden kann.

Du wirst einmal deinen eigenen Bezirk haben und viele
Kunden, die du besuchen musst, beraten und kontrollieren, du
wirst immer, eine Nähe zum Kunden haben. Aber in deiner
dreijährigen Ausbildung wirst du alles kennenlernen, du wirst
darauf geschult, auf was du achten musst, damit alles in den
Heizungen oder Heizungsanlagen seine Richtigkeit hat und
du kannst unter Umständen diesen Beruf mit einem
Hauptschulabschluss beginnen. Das wäre doch ein guter
Beruf.

Viele Aufstiegsmöglichkeiten bietet dieser Beruf, du kannst
dich Spezialisieren mit einigen Kursen, du kannst deinen
Meister oder Techniker machen, Fachkauffrau oder
Fachkaufmann, bis zu einem Studium kannst du dich
weiterbilden. Aber eine andere Möglichkeit wäre du machst
deinen eigenen Kleinbetrieb auf und machst dich
Selbstständig.

Ich habe die Schornsteinfegerausbildung als letztes gewählt,
damit sie dir bei deiner Berufswahl Glück bringt, ob du als
Fachkraft oder einen handwerklichen Beruf wählst, du kannst
mit Sicherheit stolz auf deine Wahl sein. Ich könnte noch

viele weitere Berufe aufzählen, aber ich denke, ich würde dich zu sehr verwirren, du würdest zum Schluss gar nicht mehr wissen, was wähle ich, welche Ausbildung ist die Richtige für mich, was mache ich am liebsten, was könnte mir Spaß bereiten, welcher Beruf ist der Richtige für mein ganzes Leben? Leider kann ich dir darauf keine Antwort geben, ich konnte dir nur ein paar Vorschläge machen und hoffentlich dir ein paar Anregungen geben können, um dir die Wahl zu erleichtern. Vielleicht weißt du daraufhin wenigstens, welche Richtung der Ausbildung du einschlagen willst. Dann kannst du weiter suchen oder du besuchst ein paar Firmen, die für dich infrage kommen, schau sie dir genau an, stelle die richtigen Fragen, schreibe sie Sicherheitshalber vorher auf einen Zettel, damit du die Fragen nicht vergisst oder vielleicht hast du auch das Glück und kannst ein paar Tage dort ein Praktikum machen, das wäre doch etwas. Dann lernst du die Firma und den Chef richtig kennen und weißt wie es dort auf und zu geht. Ich hoffe, der Schornsteinfeger bringt dir Glück bei deiner Berufswahl.

12 Kapitel

Den Traumberuf nie aus den Augen lassen

Was soll ich dir raten, wenn du deinen Ausbildungsplatz, den du dir immer erträumt hast, nicht erreichen kannst. Es könnte auch sein, das er von vornherein für dich zu weit weg war. Dann fange klein an, mache eine einfache Ausbildung, aber so, damit du dein Ziel später erreichen kannst und mache dann die Weiterbildung zu deinem Ziel. Aufgeben kommt nicht infrage, das Ziel immer im Auge behalten.

Ich sage nein, niemals aufgeben. Ich wollte auch nach meiner Ausbildung mein Ziel erreichen. Ich hatte schon meine abgeschlossene Refa-Ausbildung gemacht und wollte meinen Meisterbrief dazu machen, das wäre perfekt gewesen, das war in meiner Zeit zusammen sehr angesehen, aber ich hatte Pech, ausgerechnet unter der Ausbildung wurde meine damalige Frau, schwer krank, ich hatte keine Möglichkeit den Meister zu Ende zu machen, aber ich hatte es wenigstens versucht mein Ziel zu erreichen, einen Meisterbrief und die Refa-Ausbildung, das wäre es gewesen, aber es sollte nicht sein. Ich will dir damit sagen, einen Versuch ist es immer wert, wenn das Schicksal zuschlägt, kannst du nichts dafür, aber wenn alles passt, dann packe es an, mach es und zieh es durch, egal wie du die Weiterbildung bestehst, wichtig ist, du hast deinen Abschluss, es tut sich immer ein Loch auf und du bekommst deinen Traumjob.

Wie du dein Ziel erreichst, ist egal, wichtig ist, du gibst nicht auf, ob auf Umwegen und in kleinen Schritten, du hast doch gelesen, dass es auch Ausbildungen gibt, die zwei Jahre dauern und dann kannst du dich entscheiden, noch ein Jahr oder eineinhalb Jahre dranhängen und du bist einen Schritt näher an deinem Ziel, das geht bei manchen Ausbildungen, du musst dich genau erkundigen und kannst deine Ausbildung erweitern oder hängst ein paar Kurse dran, vielleicht beinhaltet der Meisterbrief oder Techniker dann alles, noch besser nach deinem Meisterbrief oder Techniker machst du dich Selbstständig und erfüllst deinen großen Traum.

Ich sage es dir noch einmal, wenn du deine Ausbildung
begonnen hast und du bemerkst, deine Berufswahl ist nicht
die, die du erwartest hast, dann wende dich erst einmal an
deinen Meister oder Ausbilder, eine andere Möglichkeit, dein
Berufsschullehrer, der kennt für dich bestimmt einen Weg,
den du am besten einschlagen kannst, damit du keine große
Zeit verlierst, das Richtige zu machen, darauf sollten sie
geschult sein, so wie du in deiner Ausbildung geschult wirst,
das Richtige zu können.

Über denke dir deine Ausbildung und deinen Traumjob noch
einmal gut, wenn du mein Buch gelesen hast und dir nicht
sicher bist, schmeiße das Buch einfach in eine Ecke, lege
dich auf die Couch, sieh einen Film oder gehe erst mal zu
deiner Freundin oder zu Freunden, mache dir ein paar schöne
Stunden, wenn du dir später doch noch über ein paar Themen
in diesem Buch Gedanken gemacht hast, habe ich dieses
Buch nicht umsonst geschrieben und ich habe dir geholfen.
Denn du sollst dir, bevor du deinen Ausbildungsvertrag
unterschreibst, dir Gedanken machen, je nachdem, für
welchen Job du dich entschieden hast, genau überlegen, kann
ich wirklich mit Menschen arbeiten, kann ich wirklich auf
den Kunden zugehen und mit ihm reden, bin ich ein
Teamplayer, kann ich Schichtarbeiten, schwere Arbeit
verrichten, will ich im Freien arbeiten, bei jedem Wetter,
kann ich mit Tieren arbeiten, kann ich mit Kinder arbeiten,
mit alten Menschen oder behinderten Menschen und dann
noch die Sache mit Montagefahrten und Kundenfahrten, will
ich das wirklich machen? Solche Fragen sollst du dir noch
einmal stellen, aber das hast du ja alles gelesen und sagst dir
zum Beispiel bei der Schichtarbeit, mir macht Nachtschicht
nichts aus, ich bin so und so Nachts gerne unterwegs,
Montagefahrten mag ich, ich will die ganze Welt sehen, Geld
verdienen und die Weiterbildungsmöglichkeiten passen auch,

dann wäre alles in bester Ordnung und ich wünsch dir alles Gute bei deiner Ausbildung!

Dann unterschreibe deinen Ausbildungsvertrag und geh es an, du wirst sehen, die paar Jahre Ausbildung sind schneller vergangen, als du denkst, dann kannst du dir schon überlegen, wie mache ich weiter oder bin ich wirklich schon zufrieden?

Das Schlusswort:

Ich hoffe, dass ich dir mit dem Buch, die Entscheidung einen Beruf zu erlernen erleichtern konnte. Noch besser überhaupt einen Beruf zu erlernen, ein erlernter Beruf ist immer wichtig, du hast doch gelesen, es öffnet dir viele Türen und du verdienst dann richtig Geld. Je früher du deine Ausbildung beginnst, umso besser und je mehr Zeit, hast du dann für deine Weiterbildungen und wenn du willst, dann kannst du dich schneller Selbstständig machen. Sage immer zu dir, das schaff ich, wenn dann gleich und nicht erst später, dann habe ich es schneller hinter mir.

Ich wünsche dir viel Glück, einen guten Abschluss bei deiner Ausbildung und daraufhin einen guten weiteren Werdegang!

Dein Peter S. Fischer